学生に選ばれる地方・中小企業の新戦略

逆転思考の Give《ギブ》 採用

髙平聡
デジタル採用推進サポーター
株式会社プロジェクトタネ 代表

みらい PUBLISHING

まえがき

いや～、ウチなんて地方だから、新卒なんて採るのは難しいよ……
ウチは零細だから、優秀な人材なんて入らないさ……
ウチは中途なら何とか採れるけど、まだ新卒を採る段階じゃないよ……

地方にある中小企業の社長や採用担当者から、そんな嘆き節が聞こえてくることがあります。確かに、地方に立地する中小企業の多くは新卒採用市場で苦戦を強いられています。給料の高さや福利厚生の充実度で大手企業には太刀打ちできないでしょう。

しかも、日本は世界でも類を見ないスピードで少子高齢化が進み、人手不足が深刻です。若い人材を採用するのが年々難しくなっています。

それでも、地方にありながら、大逆風を跳ね返して毎年のように新卒採用を成功させている中小企業があるのもまた事実です。今どきの学生の気質や考え方、仕事観を踏まえた採用の戦略・戦術をきちんと立てて実践すれば、良い人材を採用することはできます。

私はかつて東京・渋谷のサイバーエージェントで働いていました。ワケあって、退職後は北陸地方にIターン移住し、「北陸のサイバーエージェント」を目指すべく起業し、デジタルマーケティングや人材採用コンサルティングを手がけています。私はデジタルマーケティングのプロとして、地方の採用現場で何ができるのか、クライアントとともに悩み続けてきました。


中小企業の多くがなぜ採用に苦戦しているのか？

地方の企業に何が足りないのか？


こうした課題にクライアントとともに真剣に向き合ってきました。

私はこれまでに、学生向けのワークショップや大学での講義、さらには自社の採用プロセスの個人面談などを通して数多くの学生の声に耳を傾けてきました。

最近はお金やブランド物にはそれほど執着しない学生も多く、それよりむしろ「プライベートの時間の確保のしやすさ」や「会社の居心地や人間関係の良さ」といったことを重視し、また企業のパーパス（存在意義）や地域貢献といったことを気にする傾向も強まっています。この傾向は地方での就職を目指す学生ほど強いようにも見えます。

さらに、コロナ禍以降、自宅に居ながらにして就職活動（就活）ができるようになったことも相まって、「働く場所」については幅広く検討してもよい、という若者が増えています。つまり、地方の中小企業であっても、精度の高い採用戦略・戦術を立てて実践すれば、自社に合った優秀な人材を採用することができる時代が到来しているのです。

知名度の高い大手企業と同じ土俵に立って、同じような採用活動をしていては、勝負になりません。地方の（中小）企業には、地方の（中小）企業にしかできない戦い方があるのです。

もともとデジタルマーケティングを専門としている私は、「マーケティング思考で人材採用を成功させる」ことを得意としています。特に、ブログやSNSを活用したコンテンツマーケティングとインターネット広告の活用により、従来の「ナビ媒体依存型の採用活動」と一線を画した、オウンドメディア（自社メディア）を活用した採用活動を2016年頃から実施し、成果を出してきました。

「デジタルマーケティングで採用」というと敷居の高さを感じる方がいるかもしれませんが、心配はいりません。デジタルの活用は手法の一つでしかなく、その根底には「いかに採用活動を成功させるか?」という戦略が必ずあります。そしてその戦略とは「なんのために採用をするのか?」「この会社はなんのために存在しているのか?」といった在り方から構築していくものだからです。

「少人数でいいから、自社にマッチした活躍人材を厳選して採用したい」そんな課題を抱える日本全国のローカル企業の採用活動の「在り方（Why）」とやり方（How）」の両側面から解説していきます。

誰でもすぐにできるような手法をできるだけ分かりやすく解説しました。大事なことなので繰り返しますが、そもそも、デジタルはあくまでもツールにすぎません。「デジタルはツール、活躍人材の採用がゴール」です。小手先のSNS活用よりも、採用に対する考え方の方が圧倒的に重要です。

私は東京から地方（北陸）に移住して、改めて思い知らされたことがあります。それは、地方にはニッチトップと言えるような技術力やサービス力の高い企業が山ほどあるということです。これは私の想像を遥かに超えていました。改めて、日本という国は素晴らしい国であることを地方経済の中から強く感じました。
しかしその一方で、人材の採用に苦戦している姿を目の当たりにして、もどかしい思いを募らせてきました。

日本全国にある、素晴らしい魅力を持つローカル企業と、まだその存在に気づけていない学生が出会うためのアイデアが私の中にはあります。

「1社でも多くのローカル企業の採用活動が成功してほしい!」そんな思いで本書をまとめました。本書が地方ローカルの中小企業と学生とのいい出会いのきっかけになれば、これ以上の喜びはありません。

高平 聡

逆転思考のGive採用〈目次〉
学生に選ばれる地方・中小企業の新戦略

Part 1

イマドキの学生は「パーパス」で会社を選ぶ……39

給与や待遇で引き付ける「コミッション型採用」から、理念で共感を生む「ミッション型採用」へ

Part 2

Part 3

目次

Part 4

「与える」選考プロセスが学生の心をつかむ

Part 5

出版プロデュース／株式会社天才工場 吉田浩
編集協力／中村理絵、山口慎治

Prologue

「共感・共鳴型採用」こそ、地方企業が生きる道

学生は「お金」ではなく、「共感」で企業を選んでいる

中小企業は学生に6股をかけられている

6・50―― これは、従業員300人未満の企業の大卒（2025年卒）の求人倍率（リクルートワークス研究所調べ）です。中小企業は、1人の学生を6・50社で採り合っているのが現実です。学生からすれば、6〜7社を天秤にかけて、その中から気に入った企業を選べるのです。

それでは、従業員5000人以上の大手企業の大卒求人倍率はどうでしょうか？ わずか0・34倍です。学生1人あたり0・34社の求人しかありません。大手企業側からすれば、3人の学生から1人を選べる状況です。学生側からすると、3社を受けてやっと1社に受かるというわけです。いくら近年は売り手市場といっても、大手企業にとってはまだまだ買い手状況です。

中小企業と大手企業では、まるで正反対の状況が生まれているのです。

今、日本は空前の人手不足時代に突入しています。その背景として、総人口や生産年齢人口（15〜64歳）の減少がよく取り上げられます。

人口は、2008年をピークに減少が続いています。生産年齢人口はその10年以上前、1995年をピークに減少が始まりました。すでに約30年にわたって生産年齢人口が減り続けています。

ところが、各種データをよく見ると、意外な事実が浮かび上がります。労働力人口（統計局の解説では就業者と完全失業者の合計）と就業者人口（統計局の解説では働いている人と休業者の合計）は1990年代から増加基調が続いているのです。

実は、働き手は減るどころか増えていると考えられます。なぜ生産年齢人口が減っているのに、働き手が増えているのでしょうか。それは、かつてよりも女性や高齢者が働くようになったからです。

求人倍率や働き手の変化を見ると、特に採用に苦しむのは「中小企業」「若手」という実態が浮かび上がります。私が採用担当者と接していて、次のような変化も耳にしました。

この企業は地方では知らない人がいないような有名な小売業界の企業で、地域に根づき、唯一無二の世界観を反映した店舗づくりが多くの女性に支持されている優良企業です。かつては新卒採用も十分に満足のいく成果を上げていたといいます。ところが近年では採用市場における競争環境が変化してきており、グローバル展開するような大手ファストファッション企業や家具大手販売企業に新卒の学生がどんどん流出しているそうです。（小売業の）人手不足が背景にあるのは、大手企業がかつてであればレベル的にも採用に至らなかった層や地方人材も積極的に採りにくるようになったからです。

また、遠方への転勤のない「エリア限定社員」という制度等も設けて、地方の働き手の囲い込みも進めている企業もあります。

片や、中小企業は学生に6股をかけられている状態で、比較検討される6社の中から自社を選んでもらうだけでなく、大手企業にも打ち勝って学生を採用しなければならないのです。

従業員規模別求人倍率の推移

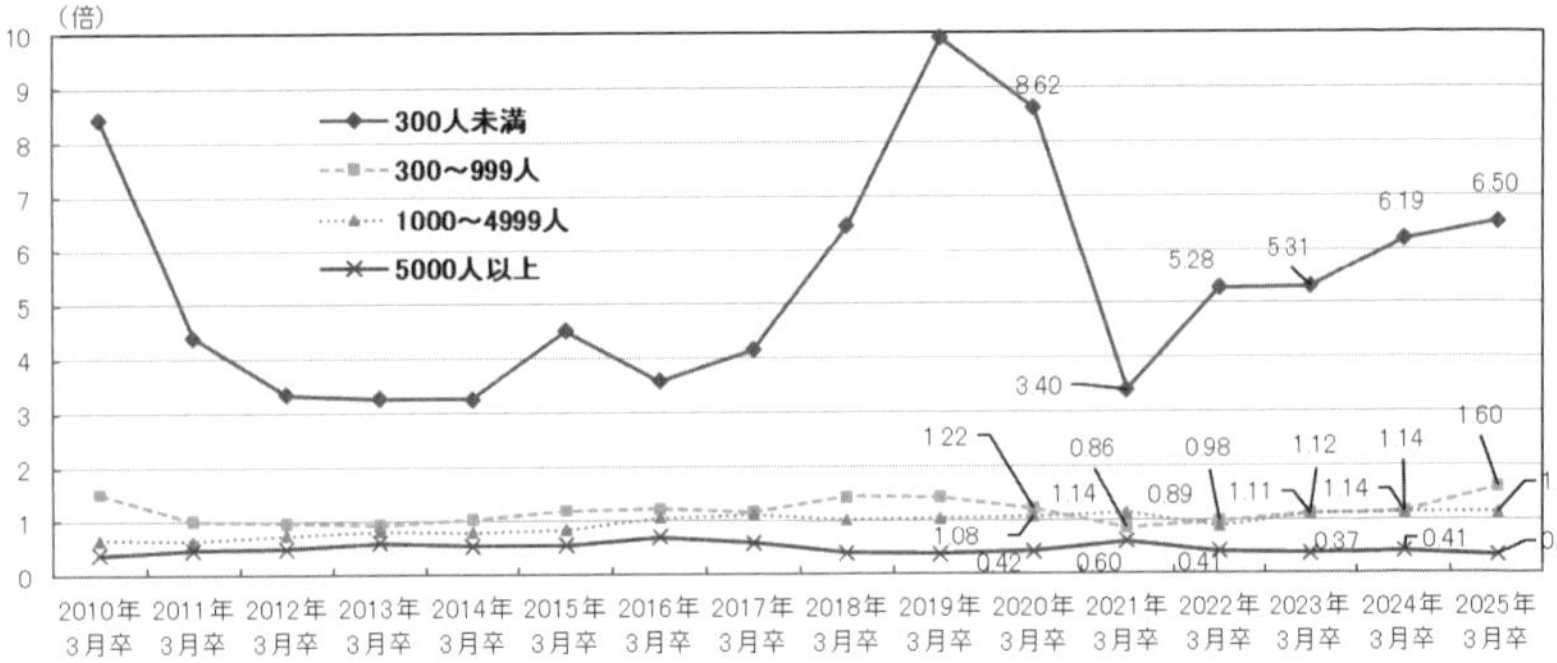

（リクルートワークス研究所調べ）

Z世代は働く場所を選ばない!?

近年の円安を背景に、海外へ「出稼ぎ」に行く若者が話題になっています。実際、出稼ぎ先として人気のオーストラリアのワーキングホリデービザの日本向け発給数は、2022〜2023年期に過去最高の1万4398件に達しました。

最近の若者は海外留学が減り、内向き志向だと言われてきました。ところが、仕事も含め、自分の人生がより良くなるためなら県境どころか国境を越えて海外へと飛び出していく若者も増えているのです。仕事を中心に就活をしているのではなく、仕事は人生の中にある一つの構成要素として捉えることが当たり前になってきたのでしょうか。まさにQOL（クオリティ・オブ・ライフ）やワークライフバランスという言葉が彼らの中にはスタンダードとして存在してきている証拠かもしれません。

私自身も、働く場所は地方だろうが都会だろうがどこでもかまわないと思っている学生が増えていると実感しています。それは、石川県金沢市に本社がある当社の説明会にも、全国各地から話を聞きに来てくれる学生がいるからです。

当社に応募してくるのは「(地方出身だから）地元で何かに関わりたい！　盛り上げ

たい！」「地方創生に取り組みたい！」といった志がある学生だったり、「マーケティングの仕事をしたい！」「メディアづくりをやりたい！」といったやりたい仕事重視の学生だったりします。働く場所よりも、自分の志向に合っているか、やりたいことができるかといったことを重視する学生は少なくありません。

金沢で働きたいから当社を選んだのではなく、「所在地を見たらたまたま金沢だったけど、まあそれもありかな」という感覚で入社してきてくれた社員も多くいます。

コロナ禍によって、就活が一気にオンライン化してきたことはすでに読者の皆様もご実感のとおりです。かつて、コロナ禍以前の地方の学生は、お金を節約するために夜行の高速バスに乗って東京や大阪の大手企業を受けて、また夜行バスで地元に戻ってきていました。けっこうハードな就活です。

ところが、説明会がオンライン化した結果、気軽に日本全国の企業にエントリーできるようになったのです。

学生は就活に際して取得できる情報の量が格段に増え、オンライン参加ができる企業説明会の回数も増えてきました。その一方で、学生が実際に時間とお金を使って参加する説明会の回数は減っています。

なぜか？　事前情報の収集が自宅やスマホ上で簡単にできるようになったので、説明会に参加するか否かの判断をＷｅｂ上ですでに済ませてしまっているのです。企業側にしてみれば「(就活生からの）事前の書類選考で落選している」ようなもので、野球に例えるならば、そもそもバッターボックスにも立てていないと言えます。しかし、この「選ばれなかった企業」側はこの事実に気づけません。なぜなら、そこに何かしらのやり取りの形跡はないからです。

企業の採用担当は口々にこう言います。
「最近は学生がどこにいるのか分からない」と。
これは、大手ナビ媒体が開催する合同企業説明会（合説）への参加学生数が減っていることだったり、自社で開催する企業説明会に参加する学生が減っていることなどから、「母集団の形成が困難になってきている」課題認識からの発言です。学生たちはどこかに神隠しにあったわけでもなければ、採用担当者が知らない、どこか別の新しい場所に集まっているわけでもありません。

学生がいる場所は明確です。それは「スマホの画面の目の前」です。もし、あなたが地方企業の採用担当者で、上記のような母集団形成の課題認識があれば、それは学生の数が減っているのではなく、貴社がこれまでに出会うことができた学生たちが、Ｗｅｂ上で貴社より先に他の企業に出会ってしまい、取られてしまっているからだ、と考えた方がよいでしょう。

学生たちは「所在地がどこにある企業か？」をもちろん気にはかけますが、それよりも「自分が本当に入りたいと思える企業か？」をより重視するようになってきていると言われます。

実際に「マイナビ２０２５年卒大学生Ｕターン・地元就職に関する調査」によると、地元とは別の地域に移住するＩターンに興味がある学生は44・4％にも上りました。実に半数近い大学生がＩターンに興味があるのです。その理由について、28・2％の学生が「住む場所には特にこだわりがないから」と答えています。

つまり、地方だからといって、一概に「採用に不

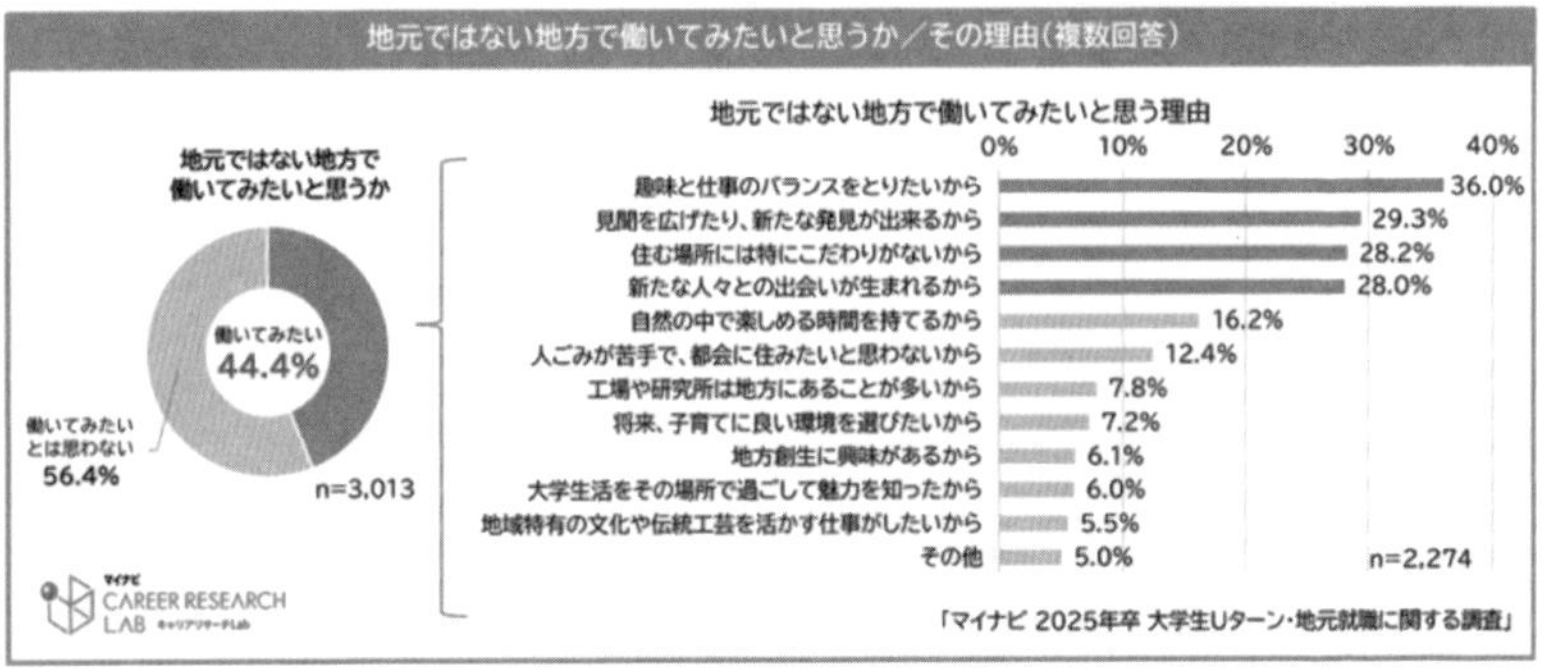

利である」とは言い切れないのです。しかしながら、地方ローカル企業の採用担当者のマインドは少し違います。これまでに学生にフラれてきた苦い経験が先行し「うち(当社)は田舎にあるから勝てないんだ。より都会的な企業とはそもそも勝負が難しい……」と弱気の言い訳すら聞こえてきます。負けている本質は地方や田舎という立地ではなく、そもそもの採用活動に臨むマインドセット、スキル、ノウハウ、戦略の不足にあると言えます。

6割以上の学生は地元で働きたい!

Iターンに興味がある学生がこれほど多いならば、Uターンを含めた地元での就職に興味がある学生はどれくらいいるのでしょうか。

同調査によると、2025年卒の学生が地元就職(Uターンを含む)を希望する割合は62・3%に上ります。地元志向は2010年代は低下傾向でした。都会に出て働きたいと考える学生が増えていたのです。ところがコロナ禍以降、地元志向がジワジワ高まってきました。先行き不透明なVUCA(ブーカ)の時代と言われる中で、何かあった時に頼れる家族のそばで暮らして、経済的にも精神的にも安心したいという意識や、パーソナルスペースの限られた「密な都心」で生活することが、本当にＱＯＬが高い状態と言えるのか？という考え方も生まれているのかも知れません。

地方の進学校を出た優秀な学生は、地元の国立大学か首都圏や近畿圏などの名門大学に進学することが多い。東京の大学に通っているなら、そのまま東京本社の大手企業に就職したいと考える学生も多いでしょう。

一方で、地方出身で東京の大学に通っている優秀な学生の中にも、地元に戻ることを視野に入れているケースがあります。地元に良い会社さえあれば、Ｕターンしてもいいと思っている都会の学生は多いのです。

実際に、当社では一時期、社員の約７割がＩターンかＵターンを経験している社員でした。このよう

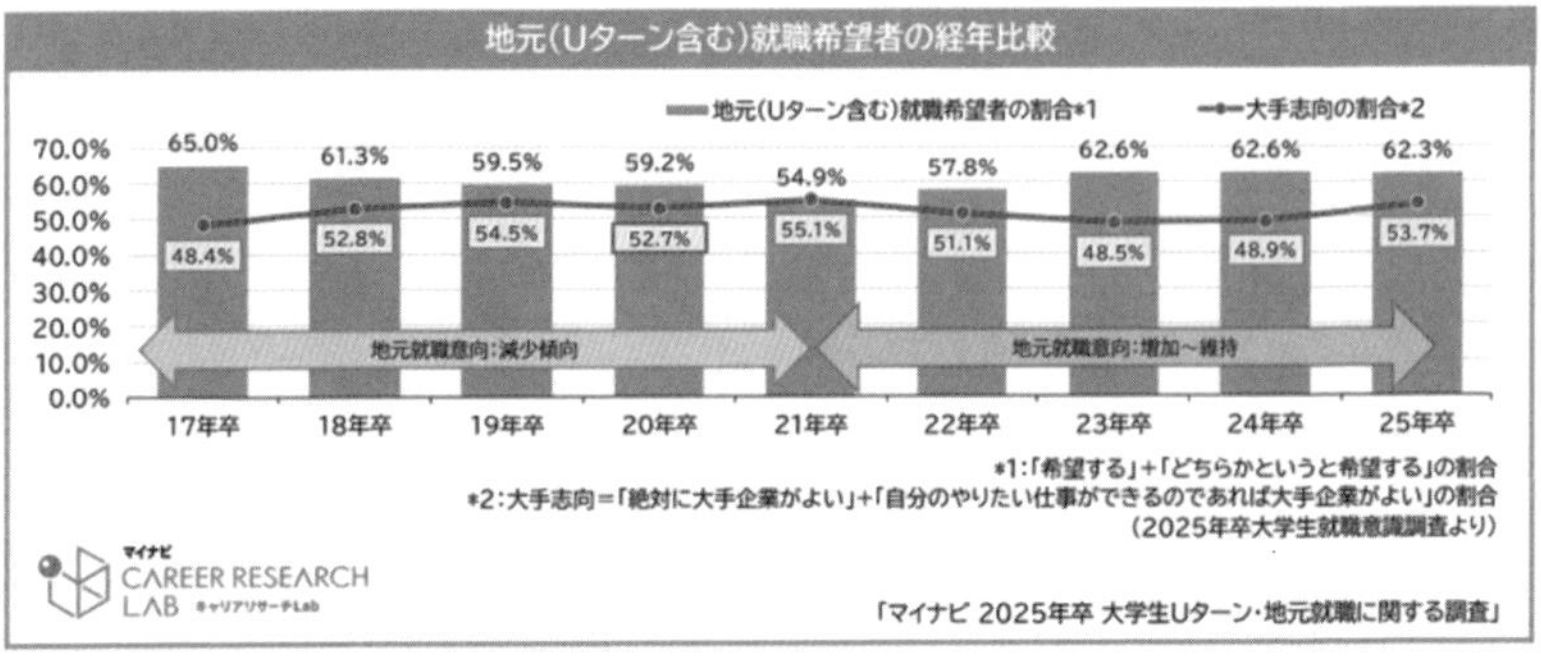

な社員が多いのは、Ｉターン組である私の影響もあるとは思いますが、地方で働いてもいいと思っている学生は意外と多いですし、彼らが口々に言うのは「地方に（自分の求めている働き方や仕事の内容が揃った）こんな企業があると思っていなかった」「こういう会社は、東京でなければ見つからないと思っていた」という声です。

Ｕターン就職を決めてくれた社員の中には、県が運営している企業情報のサイトを見ていた時に当社をたまたま目にし、「採用サイトを見て他の県内企業とは異彩を放っていた」と言ってくれる子もいました。

私は当社が異彩を放つような特別に珍しい制度や、群を抜いた何かを持っていたから選ばれたのだ、とは思っていませんが、一つだけ言えることは、私たちの存在を「ちゃんと見つけてもらえるための努力はしていた」ということです。それはつまり誰に対して、どこで、どんな内容を、どのように、どの頻度で伝えていくか、という「マーケティング思考での採用戦略」に則った情報発信をしていたということです。

地方には隠れた優良企業がたくさんある！

では、働く場所にこだわらない学生、地元で働きたい学生がこれだけたくさんいるのに、なぜIターンやUターンの学生を採用するのが容易ではないのでしょうか？

答えは明確です。学生たちは、地方に魅力的な企業が少ないと思い込んでいるからです。いや、もっと正確に言うと、地元企業の情報に触れる機会が極端に少ないので想起ができないだけ、つまり知らないだけ＝認識されていないだけ、です。

都会と比べて、地方には就職先として魅力的な企業が本当に少ないのでしょうか。そんなことはありません。地方には、高い技術力があったり、ニッチな分野でトップを張っていたり、大手企業の裏側をガッチリ支えていたりといった、いわゆる「すごいローカル企業」がたくさんあります。

例えば……

・ボトルに充填する機械で世界有数の企業
・世界１００カ国以上で販売しているメガネフレームメーカー
・国内シェア45％のウオータージェットポンプメーカー

など、北陸だけでも数多くあります。大手企業に部品を提供している優れたものづくり企業は数え上げたらキリがありません。

ところが、地方の優良企業はなかなか学生に良さを気づいてもらえません。なぜなら、マイナビやリクナビといった大手就活ナビに「地方の掘り出し企業情報」が必ずしも載っているとは限らないからです。仮に載っていたとしても、限られたフォーマットの中で決まったテンプレートの書き方しかされていません。また、世界的な技術力を持つものづくり企業でも、守秘義務などの関係上、取引先のことを開示できないこともあり、そのすごさをアピールしにくいのです。

それでは、就活ナビでは、どんな企業が目立つのでしょうか？　就活ナビはあくまでも広告収入で成り立つ広告媒体です。

お金を払えば払うほど目立つ仕組みになっています。これは今や学生の間でも常識で、「だからナビ媒体はあまり参考にしない」という学生もいるほどです。これはローカル中小企業にとってはある意味チャンスです。

当社の社員に話を聞いてみると、就職してからいろんな会社に出入りするようになって、初めて地元に良い会社が多いことに気づいたそうです。「学生時代には、そんなことを調べられる術がほぼなかった」と言っていました。就活ナビから知り得る情報には限界があるのです。

マイナビやリクナビは、学生に自社を知ってもらう「きっかけづくり」にはなるのかもしれませんが、理解促進や魅了づけといった「納得づくり」のツールとしては十分ではありません。人間は物事を直感的な右脳と論理的な左脳で判断をし、最終的な意思決定をするまでにこの右脳と左脳を何度も行き来しています。この「右脳的なキッカケづくり」と「左脳的なナットクづくり」の両側面を意識した上でのコミュニケーション設計が、これからの採用戦略には求められていきます。

誤解されないように説明しておきますが、私は就活ナビを否定するつもりは毛頭ありません。就活生と企業をつなぐ就活インフラを提供する就活ナビは素晴らしいビジネスモデルです。当社も2023年に就活ナビが開催する企業説明会に参画してみて、集客力の高さを体感しました。

しかし、だからといって、就活ナビに掲載されていなかったら、そもそもの採用戦線という試合に参加する権利すら得られないのか？　と言えば答えはNO！　です。明確な目的や戦略を持って、ナビ媒体を活用していくことが求められてきています。「掲載すれば応募が来る」という時代ではなくなっているのです。これはもう明白な事実で、だからこそ採用の難易度が上がっていますし、採用戦線の戦い方は複雑化してきていると言えます。

学生やその親御さんを含めた家族の大手志向は今も昔も変わりませんが、地味だけれども抜群に実力のある地方の企業に興味を持つ学生も確実にいます。しかし学生たちはそうした企業を知るチャンス（＝キッカケ＝出会いの最初の接点）が極めて少ないのが現状です。

私は地方で暮らしていて、そうした企業に光を当てていきたいという思いが高まってきました。この人材不足の時代、地方企業が採用力を高めることが、地域の活性化、ひいては日本全体の国力の増強につながるのではないでしょうか。

「企業は選ぶ側」という意識のままでは、もう勝てない

高校を卒業してそのままメジャーリーグを目指して渡米しようとしていた大谷翔平選手を北海道日本ハムファイターズが口説き落としたエピソードは、様々なところで取り

上げられています。ファイターズは「大谷翔平君、夢への道しるべ」という詳細な育成計画を用意して、大谷選手を翻意させました。

欲しい人材を何が何でも採用したいならば、アプローチ方法は必然的に「相手ファースト＝相手の望みを叶えること」になっていくはずです。

ところが、「採用課題がある」という経営者からの相談を聞いていると、そもそもこの前提に立っていないケースも多々あります。自分たちの都合で採用活動をしているのです。私が一人ひとりの学生に寄り添った採用活動の必要性を訴えると、こんな反応が返ってくることもあります。

「いや〜、そこまでしなきゃいけないの？」

中には

「学生に媚びを売ってまでして、入ってもらおうとは思わない」

そう公言する経営者もいます。こうした経営者は「企業側が選んでやっている」という意識を持っています。

言葉を選ばすに言うと「選ぶ側志向」の企業は新卒採用戦線ではまず勝てません。採用企業側のマインドが「学生を選ぶ」となっている時点で、かなり厳しい戦いになることを覚悟しないといけないかも知れません。

今は学生に「選ばれる」時代です。採用活動は「企業という商品を学生に売り込む営業活動」と捉えることができるでしょう。この採用感覚を持っていれば、会社の規模が小さかろうが無名だろうが人材を採用することはできます。

一方、経営者の採用に対する考え方（マインドセット）が変わらない限り、中小企業の採用活動やその結果は絶対に変わりません。いくら採用担当者が現実を理解して本気になったとしても、それだけでは採用活動が大きく変革されることは残念ながらありません。これは現在多くの採用担当者が直面している現実です。

採用活動には、大きく分けると以下のような四つのプロセスが存在し、そのプロセスに応じて人的リソースも金銭的なリソースもそれなりにかけていくことが必要不可欠です。採用難易度が上がっている現在の時代背景からしても、このプロセスへの注力度合いを下げていくことは賢明とは言えません。

①「学生の認知を獲得する母集団形成（集める）」の段階、

②「集めた学生に好きになってもらう（興味・関心を持つ）」の段階、
③「より共感し、この会社で働きたいと当事者意識を育む（共感・共鳴する）」の段階、
④「入社を決め、実際に入社してもらう（内定、入社する）」の段階に分けられます。

①〜④それぞれで、必要となる施策は異なり、それぞれにリソース、とりわけ費用がかかります。これは必要不可欠な費用であり、ケチることはできません。もちろん不要な費用をかけずに対象の施策を精査することは重要ですが、むやみやたらに採用活動の予算を減らすことは賢い選択とは言えません。

採用活動は「採る」だけでなく「会社という船に仲間として迎え入れる」ほど覚悟を持って、その学生（求職者）が入社することが互いに最適な選択なのかをとことん見極める貴重な期間です。然るべき代価の先払いが、それ以上の結果をもたらします。

亭主関白の昭和型から、学生に寄り添う令和型へ

よくボスとリーダーの違いが取り上げられます。トヨタ自動車の豊田章男会長は「ボ

スはやれと言う。リーダーはやろうと言う。ボスにはなるな、リーダーになれ」と述べています。トヨタ自動車ほどのグローバル企業のトップがボスマネジメントの限界を指摘しているのに、地方の中小企業が「ついてこい」式のボス型採用活動をしている場合ではありません。相手に奉仕するサーバント型リーダーシップを持つ人が社員や学生の意見を吸い上げながら採用活動しているような企業に学生は入社したいと思っているのです。

最近は残業を嫌がる若手が増えてきました。ワークライフバランスの名のもと、プライベートも充実させたい若者が多い。私も言葉を選ばず正直なことを言えば「人生や仕事に対する考え方がそもそもぬる過ぎるな」と思うことも多くあります。「媚びを売ってまでして採用したくない」という考えは、私もそれなりに同意はできます。

ただ、世の中がそうなっていません。ルールそのものが変わってきてしまっているのです。誤解のないようにお伝えしますが、私は「迎合して採用すべき」「採用には妥協も必要だ」と言っているのではありません。私の主張はむしろその正反対です。

世の中の前提が変わってきてしまった以上、私たちが学生の意識を外からコントロールしようと思ってもできません。今の若者はそうした価値観で育っています。それはもう変えられない事実です。

だったら、現実のルールに則り、学生たちの願望をくみ上げながらも、我々企業側は自分たちの採用方針や方法を確立していくしかありません。どちらか一方を得るA or Bの「OR思考」ではなく、学生の願望も叶え、企業側の目的も成す、WIN-WINな「AND思考」のマインドセットにしていかなければいけません。

経営者がマインドセットを変えるのが採用成功の第一歩なのです。

「共感・共鳴」で引き寄せる新卒採用の新機軸

コロナ禍を経て、就活模様は一変し、競合のボーダレス化が一気に加速しました。

例えば、石川県の企業説明会にオンラインで参加した山田君という学生がいるとします。山田君は、説明会が終わって1時間後には東京の大手企業の面接をオンラインで受ける。さらにそれが終わってまた数時間後に、アメリカの大手IT企業の面接を受ける。オンラインでの就活が一般化した結果、こうしたことが現実に起こり得るようになりました。

ローカル企業の採用上の競合相手は東京の大手企業のみならず、海外の企業とも競合しなければならない、そんな時代になっているのです。

それでは、地方の中小企業は何を学生にアピールすればいいのでしょうか。給与の高さ、福利厚生の手厚さ、休日数の多さももちろん大事ですが、これらで東京の大手企業に太刀打ちできるでしょうか。大手企業と同じ土俵で戦っても勝ち目は薄いです。

会社のビジョンや理念に共感して「この会社に入りたい！」という思いを持った人を採用するしかありません。これは完全にビジョンを最優先にした「ビジョンドリブンな採用」であり、会社が果たすべきミッションに共感・共鳴をしてもらいその船に乗ってきてもらわなければなりません。

言うなれば、地方の中小企業が大手企業に勝つには、給与や福利厚生を打ち出す**ミッション型採用**ではなく、ビジョンや理念で引きつける**ミッション型採用**へと脱却するしかありません。

地方の中小企業が唯一大企業に勝てる方法こそ、「ビジョンドリブンな共感・共鳴型採用」です。

これからの採用に必要なのは「マーケティング思考」

それでは、どうすれば学生に振り向いてもらい、共感してもらえるのでしょうか？

これからの採用活動に必要なのは「マーケティング思考」です。

「マーケティング思考」では、顧客目線に立って、顧客にメリットのある価値を提供することを通じて、最終的に選ばれる存在になっていきます。採用活動においてもこの考え方は通じます。学生の目線に立って、学生にメリットのある価値を提供し続けることによって、最終的に学生から選ばれる最後の一社になれるのです。

大手企業では、学生一人ひとりに合わせたオーダーメイドの採用活動は難しい。というのも、数百人単位で大量に採用するからです。

しかし、地方の中小企業は違います。

当社もまさにそうですが**厳選型採用**のスタンスに立ち1～5名程度の採用目標枠であるならば、完全オーダーメイドの採用活動を設計していくことは十分に可能です。採用活動にとどまらず、入社後も社員一人ひとりの幸せをオーダーメイドで仕立てることもできるのです。

中小企業の強みは小回りが利く機動性です。大手企業の手が届かないことをやれば、中小企業にも勝ち目は十分にあるのです。

給与や福利厚生という企業スペックだけでなく、会社の姿勢に共感できて、自分らしさを発揮できる職場を選ぼうとする学生が一定数います。こうした学生は、いい意味で異端児だったり、ベンチャーマインドを持っていたりします。この層こそ、中小企業の未来を担う人材です。採用すべき人材のターゲット像を明確にイメージしていくことが求められます。

マーケティング思考に基づいて、こうした尖った学生をターゲットにSNSやオウンドメディアでの情報発信から採用サイトの構築、選考プロセスづくり、企業説明会の企画まで考えていかなければなりません。それによって初めて、学生と企業が相思相愛の関係を築いていけるのです。

地方の中小企業だからといって、あきらめる必要はありません。

マーケティング思考に基づく共感型採用を徹底して、ほんの少しだけ工夫すれば、欲しい人材を採用できるようになるのです。
次章から、採用にあたっての思考法や具体策を考えていきましょう。

Part 1

イマドキの学生は「パーパス」で会社を選ぶ

給与や待遇で引き付ける「コミッション型採用」から、理念で共感を生む「ミッション型採用」へ

たった3人の謎の零細ベンチャーが国立大生を採用できたワケ

私は2016年に北陸でプロジェクトタネをたった1人で創業し、社員数が2名しかいない2年目から新卒採用をスタートしました。それ以来、当社には毎年1人から2人、多い年には4人を新卒で採用することが約5年間続きました。

当社の新卒第1号社員は、国立の富山大学出身のS君です。彼は栃木県で生まれ育ち、富山大学で学んだ優秀な人材でした。S君には東京の大手企業に入るか、故郷の栃木に帰るか、または富山に残るかという選択肢がありましたが、最終的に当社を選んでくれたのです。

その当時、当社のメンバーは私を含めてたった3人でした。資本金もわずか100万円という、まさに無名の零細ベンチャー企業でした。しかも、東京出身で地元では「よそ者」とされる私が経営している会社です。それにもかかわらず、なぜ国立大学出身のS君がこの謎の零細企業に入社してくれたのでしょうか。

当社が就職情報サイト「リクナビ」に初めて掲載したのは2023年のことです。それまでは、いわゆる就活ナビに有料では一切掲載していませんでした。

私が取っていた戦略は、大きく二つです。「戦略」などと言うと大それたもののように見えますが、簡単に言ってしまえば資本金100万円、社員数2名の当社では「それしか取れる手法がなかった」のです。できることならナビ媒体に大々的に出稿し、ナビ媒体主催の合同企業説明会でも大きなブースを構えて、学生にアピールしたかったですが、それをやろうとすればいくら費用がかかるのでしょうか。弱者は弱者なりに工夫をしなければなりません。工夫と改善は、持たざる中小企業が大企業に勝つための唯一の方法です。

一つ目は、自治体が運営する就職支援メディアの活用です。多くの都道府県では、地域の企業と学生をつなぐ就職支援メディアを持っています。例えば、富山県には『就活ラインとやま』というWebメディアがあります。これらの自治体運営の企業ナビには、企業が無料で登録できる場合が多く、私も必ずこうしたメディアに登録していました。ページのフォーマットは決まっていましたが、できる限り自分の思いが伝わるように工夫して、「読ませる求人内容に仕上げる」ことを意識しました。

二つ目は、ブログの活用です。創業期に私は「社長ブログ」を立ち上げ、会社への思いや仕事に対する考え方など、社員に話すような内容をひたすら書いていました。すると、富山で就職を考えている学生が「富山　就活」「富山　インターネット広告会社」といったキーワードで検索した時に、私のブログがヒットし、自然と求職者からの問い合わせが増えるようになってきました。

このことから私は「採用にはオウンドメディアが強力に機能する」と確信を得ることができました。そして、前述のS君もまた、私のブログを通じて当社の経営理念や目指す姿に共感・共鳴し、当社への入社を決めてくれました。

もちろん、当社が手がけるWebマーケティングというトレンドの事業内容も、S君にとって魅力的だったことでしょう。

しかし、何よりも重要だったのは、私の考えや経営理念がしっかりと伝わり、それに共感してもらえたことです。つまり、S君は当社のビジョンに共感し、ビジョンを最優先にした「ビジョンドリブン」の意思決定で当社を選んでくれたのです。

学生は給料よりもビジョンやパーパスを重視している

「経営理念に共感して入社するなんて、きれいごとだ」と思われるかもしれません。しかし、そうとも言い切れません。

株式会社学情の調査（2023年卒の学生対象）によると、就活で企業のビジョンやパーパスを重視する学生が実に78・4％に上りました。一方、給与の高さを重視する学生はわずか17・3％にとどまっています。もちろん給与や福利厚生も大事ですが、パーパスに共感してもらえるかどうかの方が圧倒的に重要なのです。

ということは、まずは自社のミッション・ビジョン・フィロソフィー（MVP）を掲げなければ新卒採用の土俵にすら上がれないということです。

何のために会社を経営しているのか…

誰のために組織を運営しているのか…

社会にどんな価値を提供したいのか…

会社の存在意義は何か…

こうしたことを明確にして、言語化しなければなりません。

そもそも、なぜ新卒を採用するのでしょうか？　人を増やせば売上げが伸びるからでしょうか？　もちろん「猫の手も借りたい」という差し迫った状況の企業もあるでしょう。しかし、採用の本質は、企業理念を実現するために、より良い人材により多く入ってもらうことで、目指すべき企業の姿であるMVP（ミッション、ヴィジョン、フィロソフィー）が実現されている会社をつくるための仲間集めが採用の目的のはずです。

MVPが社内に浸透して、顧客に価値を提供して、いろんな人に感謝された結果、目に見えるカタチになって返ってくるのが売上げです。ということは、企業を成長させていくためのエンジンとは、その企業自体のカルチャーやMVPが明確になっていることだ、と言っても決して過言ではないのです。

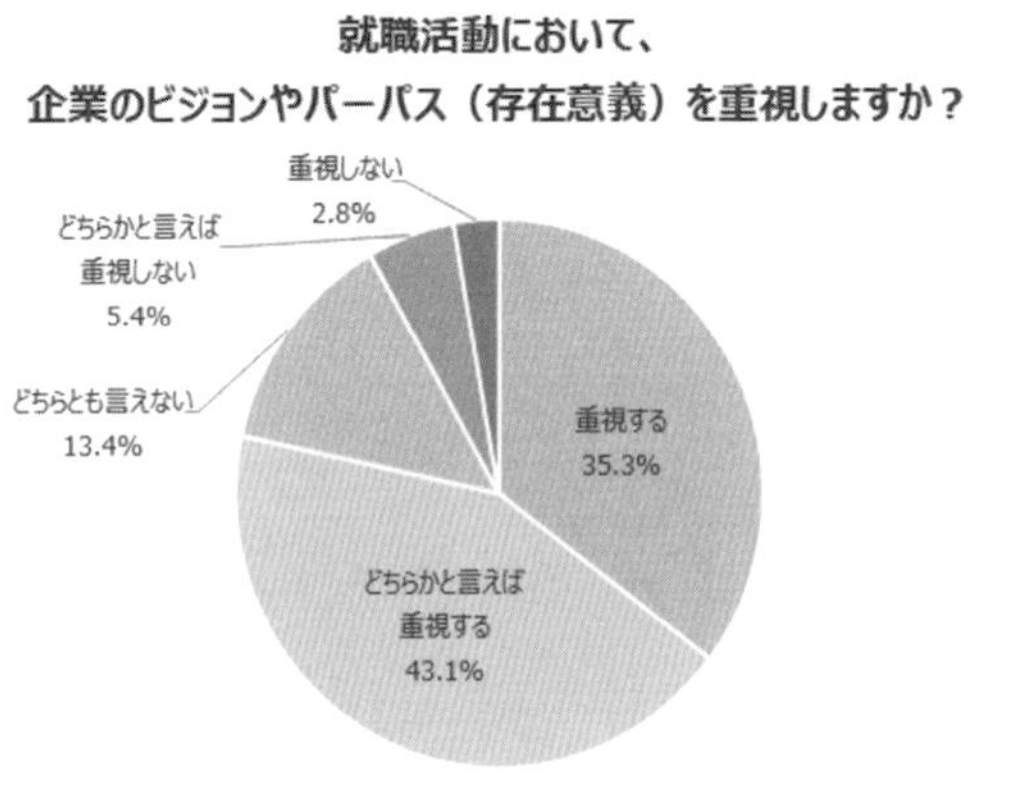

たとえ道半ばでも、目指す未来を堂々と語る

「地方だから」「中小企業だから」「どうせ我々みたいな会社だから」

そんなふうに思っていませんか。地方の中小企業には、自己評価が低いケースがあると思います。社長が「私たちはせいぜいこんなもんだから」なんて言っていたら、そんな会社に入りたいと思う学生はいません。

恋愛も一緒です。

「俺は格好良くもないし、お金もないし、田舎者だし。どうせ俺なんかとは付き合ってくれないと思うけど」という姿勢で相手にアプローチして、果たして振り向いてもらえるでしょうか。

たとえ今はまだ自慢できるような会社ではないとしても「これから良い会社になっていこうとして、こういうふうにやっていくんだ！」というビジョンを前面に打ち出していかなければ、スペック的に大手に敵うはずのない中小企業が採用戦線を勝ち残ることはできません。

「未熟な会社だけれど、君が入ってきて5年後、10年後にはこういう会社をつくってい

きたい」と口説き落としていくためにも、自社がどうなっていきたいのかというビジョンをきちんとつくるところから始め、それを伝えていくべきです。

ビジョンがあれば、多少、給料などの条件面で劣っていたとしても、地域に貢献する仕事がしたいという志ある学生の琴線に触れるのではないでしょうか。

ＬＴＶを重視する。地方企業ならではのＭＶＰ《ミッション、ビジョン、フィロソフィー》の策定を

「都会に比べて、地方は人口が少なく、市場も狭い」

この現実は、地方でのビジネスでは特に意識すべき点です。地方では、一度取引して終わりというような、焼畑農業的な営業手法は致命的です。

なぜなら、地方は社会が狭く、良い評判も悪い評判も瞬く間に広がってしまうからです。都会であれば、次々に新たな市場を開拓することもできるかもしれませんが、地方では一度信用を失えば、その後のビジネスに悪影響を及ぼしかねません。

そのため、地方ビジネスでは「ライフタイムバリュー（ＬＴＶ＝顧客生涯価値）」の考え方が極めて重要です。ＬＴＶとは、顧客が生涯を通して企業にもたらす価値のことを指します。ＬＴＶを最大化するには、顧客との長期的なWIN-WIN の関係性を築く

ことが不可欠です。

当社がミッションとして掲げているのは「ローカル企業の課題解決パートナーであり続ける」ことです。「あり続ける」という言葉をあえて強調しています。これは、一度きりの取引ではなく、長期的な関係を築くという当社の姿勢を示すものです。

また、「タネ」という社名には種をまき、水をやり、育てていくという意味が込められています。種をまくにはまず土地をしっかりと耕さなければなりません。時間をかけて土地を整え、植える種の品種を改良し、その土地に最適な種を選んで植えるのです。

クライアントと一緒に育てた芽が成長し、成果として業績が向上すれば、当社にも再投資してくれる。こうしてお互いが利益を得ながら共に成長していくことこそ、当社が目指す理想の姿です。こうしたビジョンをしっかりと前面に出し、その考えを選考過程などでしっかりと伝えていければ、短期的な視点で自分だけ儲かればいいと考えるような人は入社してきません。実際に「人の役に立つ」ことが自分の人生の目的だ、と話す学生が入社してくれています。

ビジョンやミッションを曖昧にしてしまうと、WIN-WIN の前提を無視して、自分たちだけ儲かることを良しとするような人が入社するリスクがあります。確かに、短期間で売上げを大きく伸ばすことはできるかもしれませんが、そのような手法では、最終的には企業の信頼を失い、長期的に見ればマイナスとなります。これでは、「サスティナブルな経営」とは言えないでしょう。

新卒採用では、どの企業にとってもビジョンの明確化が重要ですが、特に市場が狭く、人と人のつながりが濃い地方の中小企業にとっては、顧客や学生に共感してもらい、応援してもらえる企業ビジョンが絶対的に不可欠だと言えます。

個人のビジョンと会社のビジョンが重なる人材がターゲット

実際に学生と接してみると、驚くほど多くの学生が「お金」にそれほど興味を持っていないことに気づきます。株式会社ワンキャリアによる２０２５年卒学生向けの調査でも、会社選びで「給料が高い」を最も重視すると答えた学生はわずか６・５％でした。日本はすでに高度成長期を過ぎ、「失われた30年」と呼ばれる低成長時代が続いています。そんな環境で、「頑張れば給料が上がる！」というニンジンをぶら下げても、若者はなかなか動きません。

今の若者は、サブスクリプションやフリーミアムのサービスを賢く活用し、お金をかけずに日常を楽しむ術を知っています。無駄な浪費をせず、お金やモノへの執着が強くない様子が伺えます。

私は社員に「本当に自分が求めているものは何かを考えましょう」とセルフカウンセリングを促しています。すると、「誰かの役に立ちたい」「感謝されたい」という願望を持つ社員が多いことが分かります。もちろん、「お金を稼いでいい車に乗りたい」といった欲求を持つ人もいるでしょうが、私の実感ではそれはかなり少数派です。

「自分はこう生きていきたい」「こういう仕事で人の役に立ちたい」といった個人のビジョンと、会社が掲げるビジョンが重なるような学生を採用し迎え入れていくことがより良い組織の構築には欠かせません。

いわゆる「スペックが高い学生」を採用したいという目標は一つの考え方として有効かもしれませんが、いかに優秀なスペックを持つ人材であっても、自社のビジョンやカルチャーにフィットしない人材は、結果的に長続きしません。

京セラの創業者である稲盛和夫氏は、人生や仕事の成功は以下の方程式に当てはまると言われました。

「人生・仕事の結果＝考え方×熱意×能力」

この「考え方」の部分がまさにビジョンマッチの度合いやカルチャーフィットの度合いであると言えます。

当社でも過去に苦い経験談があります。世の中で言う「いわゆる良い学歴と良い会社」を経験している社員が仲間になってくれたことがありますが、当社の大事にする理念に則った行動ができていないと、どうしても結果や評価がついてきません。あくまで思考が先で、スキルは後なのだと実感することも多々ありました。

この経験から、私たちはハイスペックであることも大事なことだが、それよりも、ビジョンやカルチャー、価値観とのマッチ度合いの方が重要だと位置づけています。スキルや経験は入社後にいくらでも身に付けていくことができますが、価値観や考え方は自分自身がよほどの必要性と危機感を持つことがない限り、外部の我々が変えていくことはできないからです。人は自分の意志がない限り、変わることはありませんし、ましてや外的な力によって変えていくことは不可能だという考え方が根底にあるからです。

まずは自社のビジョンやカルチャーを、学生にしっかり伝えられる状態にすることが大切です。それなのに、ビジョンが単なる「お題目」になってしまっていませんか。エントランスに掲げられた社是が、ただの風景になってしまっているのではないでしょうか。ビジョンを社員に浸透させ、それを実現し続ける文化をつくり上げることが大切です。個人の人生のビジョンと会社のビジョンが重なれば重なるほど、その人材は入社後も活躍しやすく、長く会社に貢献してくれるでしょう。

「活躍できない人材」を明記する

では、どうすればビジョンに共感する人材を見つけ出せるのでしょうか。多くの企業の採用ページには「求める人物像」が掲載されていますが、その内容は「コミュニケーション能力」「向上心」「チャレンジ精神」など、どの企業でも使えそうな抽象的なものが多いです。これでは、社名を変えればどこの企業でも当てはまるような文言になってしまいます。

当社では「【活躍している人物像】こんなタイプの方が向いています」という内容に加え、「【活躍できない人物像】こんな方は向いていません」という逆の視点も明記しています。例えば「成長意欲のない方」「仕事を苦役としか考えていない方」「地方でのんびり生きたい方」といった具合です。

当社が特に強調するのは「学歴より学習歴」です。どれだけ良い大学を出ていても、どれだけ有名な企業に勤めていた経験を持っていたとしても、学び続けなければ能力は錆びついてしまいます。私はそれを実際に多くの人を見てきて感じました。そのため、「学び続ける意欲のない方は来ないで下さい」と最初から明記しています。

活躍している人物像と活躍できない人物像を具体的に定義することで、学生は自分の仕事観やビジョンが当社に合うかどうかを判断することができます。結果として、「地方でのんびり仕事をすればいいや」と考えているような学生は、まずエントリーして来なくなります。

社内の〝異分子〟は何人まで許容できるのか？

経営者仲間と話していた時のことです。「エントリーマネジメントを間違って採用してしまった〝異分子〟は、何人に１人くらいなら許容できるか？」という話題になりました。さまざまな意見が出た結果、最終的には「40人に１人でもエントリーマネジメントを誤ると組織崩壊につながる」という結論に至りました。

これは、よく知られている「水質理論」です。水質が濁ると伝播して、もともとは元気だった魚も病気になってしまうのです。

中小企業の採用担当者は、社長から「〇人採用しろ！」と具体的な採用人数の指示を受けることがよくあります。当社でも3人や5人といった採用人数の目標を立てることがあります。しかし私は、採用担当者に対して「もし理念やカルチャーに合う人材がいなければ、ゼロでも仕方がない。」と伝えています。本当は、喉から手が出るほど人材が欲しいのですが、目標人数ありきで妥協してしまうと、会社の理想と異なるベクトルを持った人材が入り込むリスクがあります。そのような人材は、後に社内で〝異分子〟となり、問題社員へと発展する可能性が高いのです。そして、その問題社員が組織全体の崩壊を引き起こしかねません。

そもそも、会社のビジョンや価値観に合わない人材を採用してしまった場合、入社後にその社員を変えるのは非常に困難です。だからこそ採用の段階で「エントリーマネジメント」を徹底し、異分子が入り込まないようにする必要があります。

例えば、理念やビジョンを強く打ち出す企業に対して、「宗教染みていてうっとうしい」と感じる学生もいるでしょう。しかし逆に、高い志を持つことを「格好いい」と感じ共感するような学生もいます。どちらが良い悪いという話ではなく、どちらがよりあなたの会社らしいか、あなたのこの会社は世の中に対してどう在りたいか、ということなのではないでしょうか？

自社のカルチャーを明確に発信し、それに共感してくれる人材を少人数でもよいから採用していくことが大切なのです。当社では「厳選型採用」の前提に立っています。それは組織を拡大させることに躍起になった結果、妥協したエントリーマネジメントによる失敗を経験したからこそ気づいた反省点です。

東京の採用手法をいち早く取り入れるタイムマシン作戦

ソフトバンクの孫正義氏は、自らの経営スタイルを「タイムマシン経営」と名付けています。アメリカと日本の間にある、先端ビジネスの数年のタイムラグを活用し、アメリカで成功したビジネスモデルをいち早く日本に持ち込むのがその特徴です。孫氏は、インターネットビジネスをアメリカから日本に持ち込み、大成功を収めたことで知られています。他にも、コンビニエンスストアやスーパーマーケットなど、アメリカでヒットしたモデルが日本でも成功を収めた例は数多くあります。

私の考えでは、この「タイムマシン経営」は、日本国内でも十分に活用できる戦略です。ざっくりした感覚ですが、欧米の5年遅れが東京、そして東京の5年遅れが地方、というタイムラグが存在します。つまり、東京で流行っている手法をそのまま地方に持ち込めば、新鮮で注目を集めることができるというわけです。これが、国内における「タイムマシン作戦」です。

当社では、中長期のインターンシップがその一例です。当社は2018年頃から中長期インターンシップを開始しましたが、その当時、地方ではこうした取り組みを行う企業はほとんどありませんでした。

北陸では珍しい中長期インターンシップを実施し、それを採用サイトに掲載したところ、瞬く間に検索エンジンでも上位表示されるようになりました。なぜなら、同じことをやっている企業がほとんどなかったからです。

もし当時、東京で中長期インターンシップを始めたとしても、すでに多くの企業が行なっていたため、目新しさはなく、目立つことはできなかったでしょう。しかし、東京で流行りつつある手法を少し先取りして地方に持ち込むだけで、「この会社は他とは違う」と学生たちに認識してもらうことができました。結果として、地方で注目を集めることに成功したのです。地方における新卒向けの中長期インターンシップという分野で、当社は先んじて取り組んだ結果、比較的順調に運用ができています。今後は社会人向けインターンシップや、学生と社会人のそれぞれのインターンがタッグを組んで実際の企業の現在進行系で起きている課題解決のアイデアを出すような仕掛けも企てています。

こうした「あんなことといいな、できたらいいな」をどんどん形にしていくことで、採用活動もどんどんレベルアップしていきます。

石川県の人口は約１１０万人。これは仙台市や千葉市、世田谷区とほぼ同じ規模です。東京都と比べれば約13分の1ですが、地方はプレイヤーが少ない分、独自の考え方や手法を通じて、採用市場における自社の特長、印象づけを強化することができます。

地方には若者の承認欲求を満たす仕事がゴロゴロ

私は自社の企業説明会などで必ず最初に話すことがあります。それは「(当社のような）中小企業で働く意味」です。

多くの学生は「大手企業か中小企業か」「公務員か民間か」といった軸で就職先を考えています。そもそも論ですが「大手か中小か」という軸を考えること自体が浅はかです。日本では中小企業の割合は99・7％で、労働者も約70％が中小企業に属しています。これは私たち社会人にとっては常識ですが、学生にとってはあまり知られていない事実です。つまり、その程度の前提情報しかないまま学生は就活をしています。それくらい企業と学生の間には埋まりようのない「無知の谷」が存在しているので、そもそもそのあたりから認識を合わせていく必要があるのです。

私は大手企業と中小企業の両方で働いた経験がありますが、それぞれに独自の魅力があります。私が新卒で入社したのは、社員が10人にも満たない零細企業でした。主な事業は海外用の携帯電話ＳＩＭカードのレンタルで、私は立ち上げたばかりの営業部に配属されました。旅行会社や新聞社など、海外出張の多い企業に営業をかけ、顧客を獲得するたびに会社の業績が上がるのを目の当たりにしました。小さな会社では、個人の成果がダイレクトに会社の成長に反映され、それは私自身の自己効力感や自信を大きく育んでくれる経験でした。

その後、私はインターネット広告大手企業のサイバーエージェントに転職し、月間1～2億円規模の大きなプロモーションに関わるようになりました。仕事のスケールは一気に大きくなり、やりがいも感じました。しかし、そこで私が担当しているのは巨大なプロジェクトのほんの一部で、自分が会社に与える影響を実感しにくくなっていたのです。プロジェクトが1億円規模だったとしても、会社全体の売上げは何千億円規模です。自分の頑張りが会社全体にどう影響を与えているかが見えづらい環境でした。

大手企業も経験した私が考える、中小企業で働くメリットの一つは、自分の力が会社に大きな影響を与えることです。例えば、年商が1億円や5億円の中小企業では、1千万円や5千万円の売上げが企業にとって大きな変化をもたらします。自分が頑張ることで、業績が一気に良くなる可能性があるのです。

さらに、地方ではクライアントが経営者や事業責任者など各企業の中枢を担う方々であることも多く、仕事を通じて自分の影響範囲の広さを強く実感できます。

例えば、採用コンサルティングでは「良い人材を採用できました」と感謝され、デジタルマーケティングでは「集客の悩みが一気に解消されました」と経営者に直接お礼を言われます。都会や大手企業で受ける「ありがとう」とは、その質と重みが違うように感じました。

地方の中小企業には「自分が会社や社会に貢献している」と実感できる仕事がたくさんあります。元来、人間は承認欲求が強く、自分の存在意義を感じられる仕事を求めています。そんな学生たちと私たちの「無知の谷」を埋めるための情報提供を丁寧に行なえるのであれば、学生は地方の中小企業であろうとしっかりと願望の中に入れてくれるのです。

地方の優秀な学生は地域貢献への関心が高い

当社を受けてくれた学生に「志望動機は何ですか？」と聞くと、「御社は地方創生をやっているから」「地域活性化を掲げているから」という答えが多く返ってきます。

北陸の大学職員の方々と話していると、優秀な学生の多くが公務員志望だそうです。これも地域貢献への関心の高さの表れです。地域貢献や地方創生は、民間ではなくて公務員がやる仕事だと思い込んでいる学生が多いようです。

地域貢献イコール公務員という理解で止まっている学生がいる一方で、いろんな業界や企業を調べていくうちに、民間企業でも地域活性化につながるビジネスをやっていることを理解する学生もいます。

ただ、学生たちが思い描く社会貢献は、必ずしも本質を突いたものではありません。何となく社会貢献っぽいことに引かれる面があります。

そもそも、建設会社も不動産会社も金属加工会社も中古車販売会社も、どんな企業でもビジネス自体が大なり小なり地方活性化にはつながっています。大切なのは、自社のビジネスの社会貢献的な側面をどう表現するかです。

石川県に廃車を解体して、中古パーツを海外に輸出している企業があります。同社はサスティナブルな事業を展開するＳＤＧｓ企業として世界から注目されています。夏に地域住民を呼んで、会社の敷地内で夏祭りを開き、マグロの解体ショーならぬクルマの解体ショーを行なっています。イベントを通じて自社の仕事や社会的役割を地域の人たちに伝えていく取り組みをしているのです。

Part 2

企業が「選ぶ」時代はとっくに終わっている

「選ばれる」へのパラダイムシフト

「母集団形成ありき」からの脱却

新卒・中途を問わず、採用活動にあたって金科玉条のごとく掲げられるお題目があります。それは「母集団の形成」ということです。求人広告を出して、とにかくどれだけ数多くのエントリーを集めるかをほとんどの企業が至上命題にしています。100人より200人、200人よりも1000人集めることを良しとしているのです。

できるだけ多くエントリーを集めて、その中から100人、10人と絞り込んで、最終的に5人を採用する、といった算段です。「富士山は裾野が広いから標高が高い」というのも、量からしか質は生まれない例えでよく使われるフレーズです。母集団を集めてこそ、優秀な人材を採用できるというわけです。

当社が採用コンサルティングをしていても、クライアントから「母集団を形成できなくて困っているんです」という話が必ずと言っていいほど出てきます。

それでは、本当に母集団形成至上主義でいいのでしょうか？

日本の18歳人口を見ると、ピークの1992（平成4）年は205万人でしたが、2023年は110万人。若者の人数はほぼ半減しています。今後は100万人を切っていくと予想されます。

これだけ少子化が進み、学生の人数が減ってくると、母集団を形成するのは至難の業です。そもそも人がいないのですから、母集団が集まらなくて当然です。

平成の時代までは母集団形成を目指してもよかったでしょう。しかし、これだけ学生の人数が減った今、平成型の母集団至上主義から発想を転換しなければなりません。

単純に母集団を形成することよりも、たとえ母集団が少なくても次の選考への遷移率をどう上げていくかにフォーカスしていくべきです。

つまり、量ではなく最初から質を狙うのです。

例えば、目標採用人数が5人だとします。最初の説明会に自社への理解も志望度合いもあいまいな100人が集まり、選考を経て最終的に5人を採用できたとします。一方で、最初の説明会に20人しか来なくても、自社の理念に共感した魅力的な人材が多くて、最終的に5人採用できたとします。前者と後者、どちらがいいでしょうか。

誰でもいいからとばかりに単に母集団を集めるよりも、ターゲットとなる人材にエントリーしてもらって、選考プロセスでの遷移率を上げることに腐心した方が、採用が成功する可能性が高まります。

もっと言うと、エントリーがたとえ5人だとしても、全員が欲しい人材で、最終的に5人採用できるというのが「厳選採用」の理想形です。こうした採用活動に挑戦していかないと、地方の中小企業に人は集まりません。

「愛されたい」が勘違いなのは婚活と同じ

タメニー株式会社による「結婚相手の条件」に関するアンケート調査によると、未婚男性が女性に求める条件の第1位は「ずっと自分のことを好きでいてくれる」でした。

中小企業の社長は採用活動にあたって、自分が愛するより先に愛されたい婚活10年選手と同じ落とし穴にハマっていないでしょうか？

「愛は、先渡し」が基本です。自分が先に与えて、初めて相手から与えられます。パートナーから与えられることばかり考えていては、恋愛も結婚生活もうまくいきません。

2024年、当社に新卒が2人入りました。このうち1人は地元出身者ですが、もう1人は埼玉県出身で、北陸には一度も来たことがありませんでした。

なぜ、北陸に縁もゆかりもない学生Aさんが当社に入社してくれたのでしょうか。スカウト媒体を通してAさんをスカウトして、合同説明会から何度も何度も接触する機会をつくりました。

「Aさんとどうしても一緒に働きたいですよ」
「私たちの会社の成長には、Aさんが必要なんです」
「Aさんのことを大切に思っていますよ」

私たちは、Aさんに愛を伝えまくりました。Aさんも、最初は「何だか面白そう」くらいの軽い興味だったようです。しかし、「そうは言っても怪しい会社だな〜」と不安があったかもしれません。北陸の小さなベンチャー企業だからです。

それでも、当社から愛のメッセージを受け続けたAさんは「この会社、ちょっといいかも」と、心を開いてくれるようになりました。次第に「別に、東京で働かなきゃいけない理由はないかな」という思いが強まっていったようです。

金沢から直線で約300キロ離れた埼玉のAさんに愛を伝え続けた結果、入社してもらえたのです。遠距離恋愛が実ったのです。

89ページに登場する株式会社アンダス（本社・富山県富山市）は、北海道から沖縄まで、全国各地から人材を採用しています。

人事の担当者が採用を担当していませんか?

あなたの会社の採用は、誰が担当していますか? きっと、「人事の担当者」が当たり前のように採用も担当しているのではないでしょうか。採用は人事の仕事、という先入観を持っている人が多いと思います。人事担当イコール採用担当という認識です。

実は、人事担当と採用担当は似て非なる、まるで別ものです。

それでは人事担当と採用担当は何が違うのでしょうか?

まず、「人事」とは〝守りの仕事〟です。人事制度や福利厚生制度の運用など、会社の基盤を司る総務的な要素も多く、会社の内側の基盤を整えて、運用していくのが人事の主な役目であり、社内をきちんと守らなければ、スムーズな会社運営はおぼつきません。

一方で、採用とは〝攻めの仕事〟です。採用担当者は、まさに「会社という商品」を求職者に対して、社外にどんどん攻めに行って、売り込むセールスパーソンです。

対内的な人事の仕事と対外的な採用の仕事、この二つは対照的です。どちらが良い・悪いではありません。どちらも等しく会社運営に欠かせない重要な仕事です。

ただ、仕事の性質が大きく異なるのです。それ故に、人事担当と採用担当とではそれぞれに必要な人材の適性も異なってきます。

ということは、必ずしも人事担当者が採用も兼務する必要はありません。いやむしろ、採用担当者は営業部門などのエース級の人材に任せる方が、自社のことをより魅力的に伝えてくれる可能性も高まります。

会社という商品の魅力をいかに学生に伝えるか。このスキルに関しては、営業担当者の方が採用担当の適性があると言えます。

実際に、大手企業では、営業などで社内表彰を受けるような一線級で活躍している社員を採用チームに配置しているケースも多く見られます。営業職で活躍している人材はもちろん、若くして海外プロジェクトで活躍している人材など、学生が魅了されるようなエース級を採用チームに配置しています。

私がかつて北陸で勤めていたメディア会社でも、リクルーティングチーム（採用チーム）には入社2～3年目の営業が抜群にできるエース級を集結させていました。人事部はあくまでもその採用チームの後方支援的なサポート役でした。

中小企業こそ「全員参加型の採用チーム」を組閣し、「採用活動＝セールス活動」と捉えた攻めの姿勢が必要です。特に地方では、採用担当に営業力や魅力を備えたエース級の人材を配置することで、他社との差別化が図れ、競争で優位に立てます。採用活動は単なる人事業務ではなく、会社を売り込むセールス活動であるという前提にマインドセットを変えることが、採用成功の鍵となるでしょう。

採用担当は「自社愛を腹の底から自分の言葉で語れる社員」に限る

「採用担当者の人柄に惹かれました」

中小企業に入社した新人の多くが、入社動機としてこのように答えます。学生にとって採用担当者は、自分の将来像を最も身近に感じられる存在です。中には、採用担当という仕事そのものに憧れる学生も少なくありません。

では、あなたの会社の採用担当者は、高い志と情熱をもって採用活動に臨んでいるでしょうか。当社の採用担当者は、営業現場でクライアントから「本当にタネ（自社）が好きなんですね」と言われることがよくあるそうです。自社を心から愛し、その思いを自分の言葉で語れる採用担当者がいることが、学生に大きな信頼と好印象を与えます。

反対に、採用担当者や社員が自社を好きでない姿勢は、意外なほど学生にも伝わるものです。心からの愛がない担当者が、自社にワクワクして入社する学生を採用できるでしょうか。採用担当者の「自社愛」とマインドセットが極めて重要です。

学生の人生の理念と会社の理念がリンクする重要性については前述しましたが、採用担当者自身も「自分がこの会社で働く目的は何なのか？」を深く見つめる必要があります。自分の人生の目的と会社のビジョンがリンクしていなければ、学生へのメッセージはどうしても借り物の言葉になりがちです。

「社長はこう言っているけれど、私は少し違う」と考える社員が採用活動を担当すれば、採用の成果は伸び悩むでしょう。その採用担当者が実際には採用活動の足かせになってしまう可能性もあるのです。

「経営者の器以上に会社は成長しない」とよく言われますが、これは採用にも当てはまります。採用担当者のレベル以上の人材はなかなか入ってきません。採用の本質は、自分より優れた人材を迎え入れることです。だからこそ、エース級の社員を採用担当に置くべきなのです。エース級の社員であればこそ「優秀な人材と共に働きたい」という強い思いを持ち、学生に魅力を伝えることができるのです。

採用担当者の態度や言葉が、学生にとって「未来の自分」を象徴します。その担当者が自社に情熱を持ち、日々の仕事を楽しんでいなければ、学生も入社をためらうでしょう。採用担当者の姿勢や言葉は、学生にとって何よりのメッセージなのです。

ブーメラン質問を敢えて自らに問う

かつての採用面接では、1人の学生が面接会場に入室すると、待ち受けていたのは5人の面接官——

それぞれが同じ会社の関係者で、向かいのテーブルに並び、学生を厳しく評価する姿勢で臨んでいました。おそらく、あなたも就職活動で似たような光景を目にしたことがあるでしょう。あれは、まさに〝品評会〟の場でした。面接官たちが一斉に学生をジャッジし、あたかも一方的に選別するかのような状況が常態化していたのです。

しかし、時代は大きく変わりました。今やその立場は逆転しています。

現在、1人の学生を前にして座っている5人は、同じ会社の面接官ではなく、それぞれが別々の企業の採用担当者です。

彼らは学生を囲んで品定めしているわけではなく、むしろ学生の目を引き、その心をつかもうと奮闘しているのです。まさに、5社が1人の学生を巡って競り合う構図がここにあります。

かつては「自己PRをして下さい」と学生に要求していた採用面接。しかし、今やその要求は逆方向に流れています。学生の方が、堂々と「A社からE社まで、順番に自社の強みや魅力をプレゼンして下さい」と求めてくるのです。

これはもはや、現実の姿に他なりません。

こうした状況の中、重要なのは学生に「A社は規模は小さいけれど、私が大切にしている価値観を共有している」と感じさせられるかどうかです。

たとえ並んでいる5社の中に大手企業が混じっていたとしても、学生にとって自分の成長やキャリア形成について真に価値があると感じられる会社――自分の志向と合致し、将来にわたって自分を大事にしてくれる会社こそが、最終的に選ばれる可能性を大いに秘めているのです。

さて、ここで改めて問いかけます。あなたの会社の採用面接では、しばしば学生に「志望動機は何ですか?」「自己PRをして下さい」「将来どのようなキャリアを描いていますか?」といった質問を投げかけることがあるかもしれません。

しかし、その質問を自分自身に向けたことはありますか。試しに、この〝ブーメラン質問〟を自らに投げかけてみましょう。もし学生に自己PRを求めるのであれば、あなたは自社をどれほど魅力的にPRできるでしょうか。学生に長所と短所を聞くならば、あなた自身、自社の長所と短所を誠実に、しかも具体的に語れますか。

学生に「学生時代に最も力を入れたこと（ガクチカ）」を尋ねるなら、自社がいま最も力を注いでいることを、独自の切り口で話すことができますか。

そして、学生にキャリアビジョンを問うのであれば、あなたの会社のビジョンに彼らを惹き込み、共感を得るだけの説得力を持っていますか。

面接で学生に投げかける質問の全てを、まずは自分自身に問いかけてみて下さい。繰り返しになりますが、企業はもはや「選ぶ立場」ではなく、「選ばれる立場」にあるのです。この現実をしっかりと認識し、採用プロセスを再構築していかなければなりません。

学生はタイパの悪い企業を敬遠する

「タイパ」——この言葉を目にする機会が、コロナ禍以降、急増しました。タイパとは「タイムパフォーマンス」、つまり時間に対する効果を指します。現代の学生たちは、このタイパに非常に敏感です。

2020年から続くコロナ禍を契機に、就職活動の形態は劇的に変化しました。かつては対面が主流だった会社説明会は、今ではオンラインがスタンダードとなり、一次面接もWebを通じて行う企業が多く見られます。

企業側としては、「できれば学生と直接会って、じっくり話したい」というのが本音でしょう。「直接会う機会さえあれば、口説き落とす自信がある」と豪語する経営者も少なくありません。

しかし、それが通じるのは超人気企業くらいの話です。地方の中小企業が学生をリアルな場に呼び寄せようとする場合、学生側からの関心を引くのは容易ではありません。学生にとっては、移動時間や交通費も含め、コストと見なされます。つまり、タイパが悪い企業だと感じられた時点で、敬遠されてしまいます。

実際、マイナビやリクナビが主催する合同説明会の参加人数が減少傾向にあるのも、その表れでしょう。リクナビはついにリアル合同説明会から撤退し、完全にオンラインへシフトしました。この背景には、学生が自分の時間をより有効に使いたいというタイパ重視の価値観があると言えます。

ただし、ここには一つの隠れた真実があるように思います。「タイパを重視する」の本当の意味は「無駄なことには時間もお金もかけたくないが、有益なことであればそれは惜しまない」ということではないでしょうか。
最近の調査では学生も対面でのコミュニケーションを求めているという結果も出ています。（株式会社キャリタスリサーチによる２０２５年卒会員調査「キャリア意識やインターンシップ等に関する調査」https://www.career-tasu.co.jp/wp/wp-content/uploads/2023/06/internshipchosa_202306.pdf）
つまり「リアルで参加する意味のある会であれば、学生は喜んで参加する」のです。この点について誤った認識を解いておく必要があります。

社長と採用担当者が、自社のことを一番分かっていない!?

「運転が上手か？」や「頭がいいか？」という質問に対し、半数以上の人が「平均より上」と答えると言います。これは、多くの人が現実よりも自分を高く評価する傾向があることを示しています。

自分の話す音声を初めて録音で聞いて、思いの他「え〜」とフィラーの言葉を無意識に多用していたことに気づく――そんな経験をした人も少なくないでしょう。そう、自分のことを一番知っているはずの自分が、実は一番見えていない部分が多いのです。

これは、企業の社長や採用担当者にも当てはまります。彼らは、自分の会社のことをよく理解していると信じていますし、少なくとも学生よりは自社のことを知っていると思い込んでいるでしょう。

ここで「ジョハリの窓」という図式を使って考えてみましょう。社長や採用担当者は「秘密の窓」は、自分も学生も知っている情報の領域です。社長や採用担当者は「秘密の窓」も把握しているため、社員しか知らない自社の内部事情を知っています。

しかし、「盲点の窓」、つまり「学生から見た会社」という視点は、驚くことに彼ら自身にはほとんど見えていないのです。

今の時代、インターネットには情報があふれ返っており、学生たちはいくらでも企業について調べることができます。就活系の口コミサイトには、企業の内情が細かく書き込まれており、その真偽はともかく、学生はこうした情報を通じて企業を評価しています。かつては情報の非対称性があり、企業が情報をコントロールすることで優位に立っていましたが、今では企業の実態が丸裸にされる時代です。

特にITリテラシーの高い学生たちは、業界や企業の裏事情を驚くほどの精度で把握しています。言い換えれば、「盲点の窓」の範囲がかつてと比べてはるかに広がっているのです。

この「盲点の窓」を埋めることこそ、採用活動において非常に重要な課題です。つまり、「自社がどのように見られているか？」を正しく把握する必要があります。

学生の本音を吸い上げることが最も効果的な方法ですが、就活生が選考過程で企業に対して苦言を呈することは、まず期待できません。なぜなら、そんなことをすれば自分の評価に悪影響が出る可能性があると恐れてしまうからです。

そこで、有効な方法は、内定者にフィードバックを求めることです。彼らは学生に近い感覚を持ちつつ、既に内定を得ているため、企業に対して正直な意見を言うことができます。

例えば、内定者にこんな意見を聞いてみるのです。

「説明会のあの話、分かりづらかったですよね？」

「この部分はすごく共感できました」

「この写真の印象が良かったです」

「この内容はちょっと刺さりにくかったですね」

こうしたフィードバックを取り入れることで、採用ツールや説明会の内容を改善し、より効果的なアプローチにつなげることができます。

もちろん、「自社がどう見られたいか」を考えることも重要ですが、それ以上に、「学生からどう見られているか」を常に意識する必要があります。ジョハリの窓の「開放の窓」を広げ、学生との共通理解を深める努力を続けることで、より良い採用活動が実現するでしょう。

就活は高額商品の購入に似ている

自動車メーカーや住宅メーカーのテレビＣＭを思い浮かべて下さい。家族が楽しそうにドライブをし、心地よい暮らしを送っているシーンが思い浮かぶはずです。マイホームやマイカーは、人生で何度も購入するものではありません。特にマイホームは、一生に一度の大きな買い物であることが多いでしょう。このような高額商品を販売する際、重要なのは、購入後の生活を顧客に具体的にイメージさせることです。

言い換えれば、「モノではなくコトにフォーカスを

ジョハリの窓

		会社目線	
		知っている	気づいていない
学生目線	知っている	開放の窓 ホームページや採用サイト、就活サイトの情報など	盲点の窓 面接が圧迫気味、採用ページが分かりにくい、学生を大事にしている感じがしないなど
	気づいていない	秘密の窓 実はパワハラ上司がいる、ノルマがきついなど	未知の窓 学生も自社も気づいていないこと

当てる」ことと言えます。百円均一で買い物をする際には、「壊れても仕方ない」と割り切ることができます。しかし、高額な商品を購入する時は、そう簡単にはいきません。「もっといいものを選べばよかった」と後悔しないよう慎重に選びます。

新卒の就職活動も、人生で一度きりの重要な選択です。転職を含めても、会社を選ぶ機会は人生の中で限られています。そのため、就活生は「失敗したくない」という強い意識を持ち、入社後の未来をしっかりとイメージしようとします。就職活動は、高額商品の購入に非常によく似たプロセスなのです。

では、競合企業の中から選ばれるためにはどうすればよいのでしょうか。

その鍵は、商品やサービスを単純に売り込むのではなく、顧客視点を最優先にする「マーケティング思考」にあります。モノがあふれている現代では、自分本位の視点で物を売ることはもはや通用しません。これは売り手市場の採用にも同様です。

しかし、採用活動においては、意外にもこのマーケティングの視点が欠けていることが多くあります。曖昧なターゲット設定や、「何となく人数を集めたい」といった曖昧な採用計画に陥りがちです。

採用ターゲットの設定から選考プロセスの設計、説明会の運営、オンラインでの情報発信、そして面接の方法に至るまで、一貫してマーケティング思考を採用プロセスに取り入れることが重要です。

「自主的にリーダーシップを発揮する人材を採用したい」と考えている場合、次のような問いを立ててみましょう。

・リーダーシップを持つ学生はどのような情報に反応するのか？
・彼らがリーダーシップを発揮できる選考プロセスとはどのようなものか？
・インターンシップでは、どんなワークを実施すれば、彼らの才能を引き出せるか？

こうした問いに基づいて、採用戦略を立て、「学生がどのような反応を示すだろうか」「グループワークではどのように動くだろうか」といったシナリオを描いていくのです。これは、顧客が商品やサービスに出会い、最終的に購入に至るまでの「カスタマージャーニー」を設計するのと同じ考え方です。

採用プロセスも、あくまで学生の視点に立ち、マーケティング思考で設計することが、成功の鍵となります。

例えば、インターンシップで「プロジェクト型ワーク」を実施し、学生がリーダーシップを発揮するチャンスを提供します。

解決すべき課題として「自社の新製品を若年層向けにプロモーションする企画を立案して下さい」といったプロジェクトに取り組ませる過程を通じて、チームの中で自然とリーダー役に立候補したり、全員をまとめながら進められるかを見られます。

プロジェクトの最後には発表の場を設け、学生同士でのフィードバックを通して、自分のリーダーシップスタイルがどのように他者に影響を与えていたかをも学べる環境を整えるなども有効な手段かもしれません。また、例えば面接の中でも、リーダーシップが求められる「ケーススタディ」を用意します。

「あるプロジェクトにおいてチームメンバーの意見がまとまらない場合、あなたならどのように進めますか？」といった具体的なシチュエーションを提示し、解決方法を説明してもらいます。回答の内容だけでなく、話し方や周囲を動かす力があるかを面接官が確認することで、リーダーシップの資質が見えやすくなります。

社長は学生と社会人の交流会に顔を出そう

Part1で紹介した当社の第一号新卒社員S君との出会いも、社会人と学生の交流会がきっかけでした。都市部の大学ではインカレサークルが盛んですが、地方の大学では異なる大学の学生同士が接点を持つ機会は少ないのが現状です。そんな中、意欲的なS君は、学生同士や社会人とのネットワークを広げるため、交流サークルを自ら立ち上げました。

そのサークルが開催したイベントに、私も人づてで呼ばれました。イベントに参加すると、そこで司会を務めていたのがS君だったのです。私は直接S君と話す機会はありませんでしたが、その後フェイスブックでつながりました。ある日、S君がフェイスブックに「就活していますが、大学のある富山に残るかもしれません」と投稿しているのを目にし、「ここだ！」と思った私は、すぐに「コーヒーでも飲みませんか」とメッセージを送りました。これが、彼との出会いの経緯です。

地方の中小企業の社長こそ、こうした学生との交流会に積極的に参加するべきです。地方では自治体や学生団体が主催する身近なイベントも多く、こうした場を活用することで、学生との接点を持つことが可能です。

中小企業は、採用にかけられる予算が限られていますが、予算をかけずとも学生と出会える場はたくさんあります。また、学生と肩肘張らずに会えるカジュアルな場を設けることも有効です。

当社では、採用サイトで「面接しましょう」ではなく、「コーヒーでも飲みに行きませんか」とカジュアルな誘い方をしています。最近は、こうしたカジュアル面接を取り入れる企業もポピュラーになりました。

ただ、当社の場合、「軽くコーヒー飲みに来たつもりだったのに、ガッツリ面接された」とこぼす社員がいるのは後日談の笑い話ですが…。

お見合い型から自由恋愛型へ

就職とは「結婚」のようなものだと昔から例えられてきました。マーケティングの考え方でも、よく恋愛のプロセスが例え話として使われることがあります。

昭和の時代の結婚プロセスを振り返ると、短期間で結婚に至る「お見合い型」が想起されます。採用プロセスにおいても同じく、説明会、適性検査、面接といった一連のプロセスが短期間で行われ、学生は短期的な判断で入社を決めていたものです。

しかし、時代は流れ、今はまさに「自由恋愛型」だと私は考えています。

就職活動も大きく様変わりし、インターンシップといういわば「結婚前の交際期間」を通じて時間をかけてお互いを知り、価値観や将来のビジョンを共有しながら進めていくスタイルが主流となりました。短時間で互いに理解が乏しいまま結婚するのではなく、交際期間を経て、フィーリングが合えばそのまま結婚に至るし、さもなければ、やはり互いの価値観が合わない、と別れを選択することもできます。まさに、現代版の就活は「自由恋愛型」へと移行しているのです。

さらに、婚活アプリを通じて出会うカップルが増えているのと同じように、採用活動でもデジタルが重要な役割を果たす時代になっています。

では、デジタルを活用しながら、どうやって「愛し、愛される関係」を築いていくべきでしょうか？　これこそが、現代の学生を採用するプロセスを設計する際に、最も重要なポイントとなります。選考過程は、いわば「交際期間」です。

「この企業に自分の人生を預けたら、幸せになれるだろうか？」

「お互いにとって、プラスの関係を築けるだろうか？」

選考の目的は、企業と学生がお互いにこうした疑問を解消し、確認し合っていくことにあります。

次章からは、いよいよ具体的な選考プロセスの戦略と戦術を見ていきましょう。

【株式会社クスリのアオキHD】挑戦派の学生に絞ったブルーオーシャン戦略で、流通小売業なのに屈指の人気企業へ！

株式会社クスリのアオキHD（本社・石川県白山市）は全国953店のドラッグストア・調剤薬局を展開しています（2024年5月期末）。同社は近年、就活市場での人気が急上昇し、マイナビの「2025年卒版就職企業人気ランキング」では、文系総合で25位、専門店では2年連続1位になりました。同社はどんな採用活動を展開しているのでしょうか？　採用課長の田辺智寛氏にうかがいました。

戦略的に就職企業人気ランキングを上げる

当社は2025年卒の採用目標が850人ですが、達成がほぼ確実です。26年卒以降は1000人以上の採用を計画しています。というのも当社は事業拡大期だからです。売上高はこの10年で約1000億円から約4000億へと約4倍になりました。

ところが、少子化で大学生の人数が減っています。大学生の有効求人倍率は上昇傾向であり、これは続くと予想します。しかも私たちが属する流通小売業界は学生たちの人気が高いわけではありません。新卒採用市場での流通小売業の市況は本当に厳しいものです。この状況をどうクリアしていくかが私たちが乗り越えるべき課題です。

まず、当社が着目したのがいわゆる人気企業ランキングです。マイナビの「就職企業人気ランキング」で、当社は文系総合で23年卒が69位、24年卒が51位、そして25年卒は25位と順位を上げてきました。

当社は4〜5年かけて、合同説明会に来た学生たちにファンになってもらって、票が集まるように努力したのです。

なぜなら、どれだけ自分たちが声高に不人気ではないと叫んだところで、第三者的な権威を使わないと説得力がないからです。人気企業ランキングという権威性によって「アオキはいい会社だ」と語れることがブランディングになっていると思います。

採用チームはアオキが大好きな20代の精鋭

合同説明会に大金を払って出展数を増やしたからといって、人気が上がるわけではありません。ここで大事になってくるのが「声掛け要員の質が高いこと」「プレゼンターの質が高いこと」「プレゼンテーションの中身が良いこと」の三つです。まず、声掛け要員として、ドラッグストアの店舗現場で活躍している若手社員に応援に来てもらっています。人選はランダムではなくて、採用チームが選抜したメンバーです。

プレゼンターは採用チームのメンバーです。採用チームは今15人です。30歳の私が一番年上で、他は全員20代です。私たちは採用担当というよりはPR担当に近いですね。採用は広報であり、営業のような仕事だからです。採用担当に必要な素養は、自然と人が周りに集まってくるような「オーラ」です。

さらに、お店が大好きであることも必須条件です。私たちはクスリのアオキで働くことの良さを伝えなければなりません。少しでも良くないものだと思っていると、表情なり言葉の節々なり、どこかに必ず表れます。そういう違和感を必ず学生は察知すると私は思っています。

どこも同じようなプレゼンに学生はウンザリ？

どれだけ採用チームの質が高くても、プレゼンテーションの中身が良くなければ学生に当社の魅力は伝わりません。当社はマーケティングに基づいてプレゼンの内容を練り上げました。

マイナビが毎年、大学生の企業選択のポイントを調査していますが、「安定している会社」がすごく伸びてきています。安定性を感じるポイントとしては、1位が「福利厚生が充実している」、2位が「安心して働ける環境である」でした。

さらに、学生にとって福利厚生が充実していると感じるものは何かというと、「お休み」です。このため、多くの企業は合同企業説明会で「いかに休日休暇制度が充実しているか」を語り、何とか安心感を伝えようとします。

しかし、私はこの調査結果を見て、「学生さんは働きたくないんだよね」と解釈しました。就職しようとしているのに、会社選びで一番見るポイントが休みということは、働きたくないのです。

実は私自身が学生時代、働きたくないと思っていたので、学生たちの気持ちは十分に理解できます。さらにマイナビの調査結果を見ると、学生が入社したくない会社の上位は「ノルマのきつい会社」と「転勤の多い会社」です。

多くの企業の採用担当者はこうしたデータを当然見ます。「福利厚生」「安心感」「休日休暇」「転勤なし」「ノルマなし」といった項目が大事だと捉え、説明会ではこうした項目をプレゼンします。だからどの会社も同じ内容になってしまいます。

学生が合同説明会で話を聞くのは1日8社程度。採用担当者側は特徴があるつもりですが、学生から見たら間違いなくどれも似通っています。特徴がないからよく分からない。分からない話を1日4～5時間聞かせられても、学生の記憶には残りません。

嘘・矛盾も課題だと思っています。例えば「ノルマはありません」と「あなたは成長できます」は明らかに矛盾していると思いませんか？「頑張らなくていいよ、でも成長できるよ」なんて、そんなの無理です。ところが、当たり前のように多くの企業がこうしたことを言ってしまっています。こんなことをすると、学生は人事を信用できなくなってしまいます。

競合が少ないブルーオーシャンを選択する

当社は年間休日108日と、休みは少ない。だから、私たちは福利厚生の話はほとんどしません。提供できないものを無理やりできるように見せてもバレるだけだと割り切っています。

当社は転勤が多い会社であることも隠しません。何せ出店しますから。社員は「全国転勤」「エリア転勤」「転勤なし」の三つから選べます。当社の新卒の選択は7対1対2の割合です。7割が全国転勤ありを自ら選択して入社します。

マイナビの調査では学生が入社したくない会社の2位が「転勤の多い会社」ですが、割合は約30％です。いろんな記事が「学生は転勤したくない」と書くので、採用担当者も経営者もそう思い込んでいますが、調査結果を裏読みすると、転勤が嫌な学生は30％くらいしかいないということです。

それでは、安定派と挑戦派の学生は何対何くらいでしょうか。メディアや就活ナビの記事を見ていると、安定派8、挑戦派2くらいのイメージでしょうか。

しかし、調査結果をよく見ると、安定派は50%くらいしかいません。実際にせいぜい6対4くらいではないでしょうか。

私の所感になりますが、6割の安定派を9割の会社で採り合うレッドオーシャンと、4割の挑戦派を1割の会社で採り合うブルーオーシャンに分かれているのが現実です。会社に必要な人材を採用するには、勝てるフィールドであるブルーオーシャンを選んで、勝てる中身にするしかありません。

そこで、当社はただただ挑戦とキャリアアップに絞ってブランディングしています。なぜなら、当社の強みがそこにあるからです。

事業拡大期にある当社はポストがどんどん増えています。そのポストに若手がチャレンジできます。若いうちからキャリアを積むことが可能であるというのが当社に就職する大きなメリットです。だから、そこに全集中しています。

他社の採用担当者にこうした話をすると、「でも勇気がいるし、自分はできないよ」という声が聞かれます。他社と同じやり方をしておけば、失敗しても会社の知名度のせいにできます。しかし他社と違うやり方をして失敗したら、採用担当の責任になります。それでも勇気を出して他社と違うことができるか。これが大切だと思います。

今、採用できなくて困っている会社もあると思いますが、発想の転換と工夫と、ほんの少しの勇気で絶対に勝てる市場だと思います。

キラリと輝くローカル企業②

【株式会社 andUS（アンダス）】

2020年以来離職ゼロ。入社後の育成・定着とセットにした採用活動で、県外比率が驚異の約85%に！

美容サロン向けの化粧品販売から教育、会計支援まで、多彩なソリューションを手がけるアンダス（本社・富山県富山市）。新卒社員の県外比率は実に約85%を占めています。さらに2020年卒の新卒採用開始以来、辞めた社員はゼロ。

同社にはなぜ、全国から入社後も活躍する人材が集まるのでしょうか？　採用責任者の藤掛和音さんに伺いました。

「県外の学生は無理」は思い込みにすぎない

当社が2020年卒の新卒採用をスタートさせた当時、総合職は私も含めて中途の3人しかいませんでした。その規模の会社に、初の新卒として入社する。大きな挑戦を求めるわけですから、当社の理念と人に強く魅力を感じてくれる方を採用する必要がある。そう考えて、大手就活ナビサイトではなく、対面でコミュニケーションを取ることができる東京の就活イベントに参画しました。

そこには富山県の学生なんてほとんどいませんでした。最初から県内か県外かという区分けをしていませんでした。

以来、大手就活ナビサイトではなくベンチャー向けのサイトや就活イベント、ダイレクトリクルーティングのスカウトサービスなどで学生にもちろん、東京や大阪、あるいは生まれ育った地元で働こうと思っている学生が少なくありません。それでも、私たちと関わるうちに当社を選んでくれる学生がいるのです。

東京や大阪という都会での就職を選択するのがマジョリティなら、地方で就職するというマイノリティの選択をした方が自分の付加価値が上がると考えている学生もいます。「県外の学生は無理」という固定概念を持たずに、「どのような会社だったら成長意欲のある学生にとって魅力的か」という考えに集中して動くことが大切だと考えています。

地方の生活ではなく、理想のキャリアに焦点を当てた情報発信を

新卒採用を重視している当社にとって重要なのは、土地の魅力より会社と人の魅力を伝えるアプローチしています。

実は、2024年秋に採用サイトを初めて開設しました。それまで採用サイトすらありませんでした。それでも、北は北海道から南は沖縄まで、全国から学生が入社しています。だからといって、当社は何か特別なことをしているわけではありません。そもそも富山県の会社ではありますが、地方就職を勧めるような打ち出し方は一切していません。富山県への移住を推すのではなく、あくまでもアンダスという会社そのものと、そこで働く人の魅力、アンダスだからできる経験と成長実感の魅力を伝えることを徹底しています。

地方の会社は県外の学生は採用しにくいのではないかという先入観がどうしてもあります。しかし、それは企業側の思い込みに過ぎません。

ことです。当社が求めているのは成長意欲が高く「仕事を通じてしっかりとキャリアを築きたい、活躍したい、全国に人脈を広げて豊かになっていきたい。20代は負荷がかかったとしても、バリバリ働いていきたい」と考えている方々です。その場合、「富山県にはこのような自然が、子育て支援が……」「地方創生が……」という話は、その方々の興味のアンテナには触れません。

そのため、「当社であること・当社が地方にあることが成長意欲の高い方々のキャリア形成にとっていかに効果的か」という観点を最も重視して伝えています。

給与面も、同じ金額をもらうのであれば、東京よりも生活経費を抑えられる地方で生活し、差分を自己投資に回して自身の付加価値を20代から高めていくことができるというメリットがある点も会社説明会などでお伝えしています。地方であることの利点を強調すると同時に「当社では入社後、自分の成長に対して自己投資することを求めますよ」という会社からのメッセージを伝えることもできます。

この考え方が効果的に伝わっているのは当社が自社理念に基づき、人の潜在的な可能性の覚醒に対する投資を「地方だから」「周りがこうだから」などの理由で抑えることをしないという経営判断をしているからです。当社は「人」に対する投資を重要視し、全国から学生を採用すると決めているため初任給なども富山県の平均値ではなく東京の基準を加味して、東京の平均よりも高く設定しています。このように人を大切にする経営者の考えを説明会の段階で求職者の方々に伝えているため、その考えに賛同・共感する方々が全国から集まります。

ジャッジせずに育成する採用プロセス

当社は、母集団の数を求めません。その代わり、少ない人数でも、当社のミッション・ビジョン・バリュー（ＭＶＶ）に深く共感・共鳴してくれた学生を、採用を通して育てていくのが基本姿勢です。入社後の育成・定着とセットで採用を捉えているのです。つまり、採用イコール育成です。「全社採用」と私たちは呼んでいますが、ほぼ全社員が採用プロセスに関わっていきます。

選考プロセスは説明会、エントリー、一次面談、二次面談、最終選考と、割と一般的な流れかと思います。ただ、当社への熱度が高い学生はほとんどの場合、インスタグラム等で個別に社員に連絡をしてオンラインで１ｏｎ１を重ねています。

選考とは別の場で社員と１ｏｎ１を重ねる中で、当社と学生が相互理解を深めることができますし、例えば１ｏｎ１のアポ取りの方法や連絡の仕方や言葉遣い、返信スピード等に対して「社会人の基準はこうだよ、アンダスの基準はこうだよ」とフィードバックします。会社への理解や自己理解が深まるだけではなく、そういった育成の観点でも関わり、成長を促します。

ジャッジするのではなくその人自身を理解すること、その人の成長にフォーカスをした関わりをするというのは、当社が社内で大切にしているコミュニケーションスタイルの一つです。つまり、この関わり方に違和感を持つ方は当社とはミスマッチである可能性が高いため、採用においてのミスマッチを防ぐという意味でもこの1on1はとても重要です。

逆に、当社の考え方とマッチしている学生からはオンラインでの選考にもかかわらず「対面採用の会社をいろいろ受けていたけれども、1回も会ったことのないアンダスの人たちが自分のことを一番見てくれて、一番理解してくれた気がする。それが嬉しかった。」という声をいただくことが多いです。

最終選考では、富山に来てもらって、全社員の前でプレゼンテーションしてもらいます。学生はすでにこの時ほとんどの社員とオンラインで話したことがある状態です。「今までずっとお世話になったアンダスのメンバーの皆さんに直接会えて、選考プレゼン前なのに何故か安心する。」と言ってくれる方もいます。

辞められない会社ではなく、「居続けたい」会社を

富山にあることの良さを生かしつつ、会社そのものの魅力で勝負する。自社をピカピカに磨いて、「社員に辞められない会社」ではなくて、いかに「社員が居続けたいと思う会社」にできるかを重要視しています。

そして、当社に入社してくれた社員を大切にし、社員が当社で成長実感を得られるようにすること、一人ひとりが「私はこの会社で大切にされている」と感じられる会社にすること、社員の大切な人を大切にすること、それを仕組みとして残していくことが重要だと考えています。

県外から富山に移住就職している社員が多いため、ワーケーションの仕組みを作り帰省しや

すくしたり、新卒社員のご実家に社内報や人事担当者からの手紙を送るなど、できることはどんどん実行します。こういった考え方も全て、代表の社員への想いと経営理念から生まれています。

しかし、自社を磨いて情報発信するだけで学生が来てくれるかというと、そんなことはありません。特に大企業ではない中小・ベンチャー企業が県内に限らず全国から採用するのなら、自ら採りに行かなければなりません。当社の採用は完全に営業活動です。「会社に対する自信を持っているメンバーが、積極的に動いて求職者に出会いに行き、自社をプレゼンすることでまず興味を持っていただく」という流れを今後も大切にしていきます。

世の中に完璧な会社は無いといいますが、当社もまだまだ改善すべきところや足りないところは沢山あります。これからも「完璧な会社に入りたい人」ではなく「足りないところを自分たちで創っていく経験に価値を感じられる人」を採用し、全員で会社を磨いていきたいと思います。

Part 3

地方企業のデジタルマーケティング採用術

欲しい人材にピンポイントでアプローチ

欲しい人材にピンポイントで届くSNS広告

「金沢大学の周辺5キロ圏内」「年齢19～21歳」「男性」

これは、当社がアカウントプランナー（広告営業職）のアルバイトを募集した時のインスタグラム広告のターゲット設定です。

「金沢を中心に富山・福井エリアで圧倒的にナンバーワンを目指したい学生を募集」

そんな挑戦的なキャッチコピーを掲げました。

その結果……マーケティングに興味がある金沢大学の理系学部の学生が応募してくれました。ターゲットを絞り込んだエッジの効いたメッセージをSNS広告で投げかけると、尖った人材が「これって自分のことだ！」と飛び込んで来てくれ、社員として私たちの仲間になってくれました。

この時の広告にかけた予算は約5千円ほどです。仮に、求人媒体に掲載するとなると、アルバイト媒体でも数万円、新卒媒体なら数十万円はかかるでしょう。人材紹介に頼めば、年収の30％、仮に年俸300万円払ったとしても90万円です。

SNS広告なら、たった5千円で国立大学の理系学部の学生を採用できることがあるのです。しかも、地方にはSNS広告を求人に活用している企業がそう多くはない。つまり、勝負しやすい土壌だといえます。当社はこの手法を今でも繰り返し使っています。

「まさに自分のことだ！」と思ってくれる熱狂的な1人を狙え！

これまでは、テレビやラジオ、新聞、雑誌による「マス広告」が主流でした。大きなマスに対して広告を打っていたのです。しかし、インターネットが普及して広告を取り巻く状況は大きく変わりました。ピンポイントのターゲットを狙って広告を打てるようになったのです。顧客を一本釣りできるようになりました。

不特定多数に広く告げる広告の時代から、特定少数の個人に告げる「個告」の時代へと大転換しているのです。デジタル広告なら、広告を届けるターゲットを絞り込んで、メッセージもターゲットに響くように尖らせることが可能です。そうすれば、より自社が欲しい「個」にたどり着くチャンスが広がります。

「どうしたらたくさんの応募が来てくれるかな」というのはマスを対象にした古い採用広告です。個告によって「まさに自分のことだ！」と思ってくれる熱狂的な1人を狙うのです。

つまり、1人のファンをつくるための広告戦略にシフトしていくのです。

「1人だけに届く広告を打って、本当に1人しか応募がなかったらどうするの?」という声が聞こえてきそうですが、地方中小企業は「厳選型採用」が勝ち筋ですからそれでいいのです。「この会社、私にピッタリ」と思ってくれる1人がいたら、そのまわりに10人、100人と同じような思いの人が必ずいます。逆に、たった1人にすら刺さらない広告は、誰にも刺さりません。

就活ナビに掲載したことがある方はご存知かもしれませんが、限られたスペースや文字数など多くの制限下では独自性を表現していくことがなかなかに困難です。これに対して、自社の採用サイトやSNSなら自由に表現ができ、工夫の余地は多くあります。

例えば、ある会社は「9時~5時で働くことは幸せか?」といったキャッチコピーを打っていました。かなり刺激的な表現とも受け取れますが、「ワークライフバランスよりもっとガンガン働きたい!」「ゆるい職場なんて望んでない!」と思っている学生にはど真ん中に響くコピーかも知れません。

広告から個告の時代になったからこそ、みんなが良さそうだと思うメッセージではなく、自社が欲しいペルソナに向けた「個」に届くメッセージを打ち出していくことができるようになり、またそれが訴求の差別化や貴社の独自性にもつながっていくのです。

欲しい人材像がブレブレではありませんか？

個にメッセージを届けるには、その個がどのような人材なのかを明確にしなければなりません。例えば、ガツガツと顧客にアプローチする営業職を求めているのか、それとも、突破力はなくても熟考して丁寧にアウトプットするような人材が欲しいのか。

まずは欲しい人材を明確にすべきです。これは、新人を配属させる部署や企業の発展段階、さらには年度によっても異なるでしょう。

近年、メンバーシップ型採用か、ジョブ型採用かが話題になっています。新卒採用は「総合職」というくくりのメンバーシップ型採用が主流ですが、中途採用では営業や経理、設計、製造といった職種別の採用が一般的です。中途では専門に特化したジョブ型の採用の色合いが濃くなります。

最近は、新卒採用でもジョブ型採用を取り入れる企業が増えてきました。ジョブ型採用にシフトしていくなら、なおさら求める人材像の明確化が求められます。

当社の場合、職種ごとに「MUST条件」と「WANT条件」を設定します。ただ、選考を進めていくと、何となくいいなと思う学生と出会うこともあるでしょう。ガッツタイプが欲しかったけれど、熟考タイプの魅力的な学生と出会うこともあると思います。たまたまラッキーパンチでいい学生が来たから採用する、という柔軟性も必要だとは思いますが、求める人材を明確にしておけば採用に関わる幹部や社員の判断基準がブレにくくなります。要件が曖昧で、「良い人は採ろう」のスタンスでは、採用選考の設計から、面接官の選抜、採用可否の基準設定までがブレてしまいます。

今年は熟考できる学生が欲しいとなれば、インターンシップのグループワークを設計する意図も明確になります。必然的に選考プロセスのコミュニケーション設計ができるようになるのです。

実在の人物でペルソナを設定する

求める人材像は、できるだけ具体化します。これは必要だという「MUST条件」とあれば嬉しいという「WANT条件」にとどまらず、ペルソナを設定します。

例えば、当社のメディアセールスという営業職に配属したいと考えた場合の採用ペルソナは次のようなものです。

・地元生まれ、地元出身
・タウン情報のトレンドに敏感
・カフェやランチを楽しんだり、飲みに行ったりと外食好きで、デジタルメディアやSNSなどから情報を収集している
・傾聴力があり、感受性豊かで共感力が高い
・言動がポジティブ。行動力があり、走りながら考えるタイプ
・初対面の人に物おじせず、年長者から可愛がられるタイプ

「どういう家族構成か？」「サラリーマン家庭で育った」「部活動はエースというよりマネジャータイプ」などと、さらに細かく設定することもあります。

1人の仮想人物をつくり上げるのです。

さらに、バイネームで実在の人物に当てはめます。「営業部門の鈴木さんや佐藤さんのような人材」というものです。その上で、鈴木さんや佐藤さんに「あなたのような人

材を採用したいのだけど、こういうメッセージは刺さるか？」「こういうセミナーなら出たいか？」といったことをヒアリングします。

こうやってできるだけペルソナ像を具体化することによって、採用広告で投げかけるターゲットなどを絞り込めます。

本当にコミュニケーション能力は必要か？

ペルソナを実在の人物にまで落とし込んで具体化すると、通り一遍の求める人物像ではなく、他社と差別化されたものになります。どの企業も求める人物像に「コミュニケーション能力」を掲げます。しかし、当社では、動画クリエイターなどの職種によっては

・1人で黙々と作業する方が好きなタイプ
・コミュニケーションはやや苦手だが、好きなことに対してはどれだけでも話していられるタイプ

といったペルソナを設定することがあります。
そもそも、世の中、コミュニケーション能力が高い人ばかりではありません。「2対

6対2の法則」というものがあります。コミュニケーション能力が高い人は、もしかしたら2割くらいしかいないのではないでしょうか。6割くらいはごく普通のコミュニケーション能力の人です。

確かに、営業職ならコミュニケーション能力が上位2割に越したことはありません。しかし、職種によってはコミュニケーション能力が真ん中の6割に位置していても、必要なスキルがあればいいのです。求める人物像設定で大切なのは、採用にあたって何を優先するかです。

ペルソナをつくる時は、最初はベストな人材を想定すべきです。ただ、「そんな人、ホントにいるの？」「そんな人を採れるの？」という現実を踏まえて妥協ラインを考えていきます。

ペルソナを設定する際には、各部門に「どのような人材が欲しいのか？」をダイレクト採用チェックシートに記入してもらいます。これをもとに、社長や採用担当者、各部門のマネジャーらでさらに練り込んでいきます。

こちらのシートは、巻末のＱＲコード（１９１ページ）からダウンロードしていただけますので、ご活用下さい。

SNS広告のターゲティング

ペルソナが明確になれば、求める「個」に向けてインスタグラムを初めとするSNSに広告を出します。SNS広告の基本的な考え方を紹介します。

1日の予算

配信予算をいくらにするかを設定できます。1日100円や1000円からでも可能です。1日100円に設定すれば、1カ月なら3000円くらいです。さらなる広告効果を求めるなら月1万円、2万円と増額して設定することもできますし、もし広告配信期間中に目的の応募人数をクリアした、ということがあればその時点で広告掲載を停止することもできます。その際は、掲載の停止日までにかかった費用までが課金の対象になります。

SNS広告は基本的にクリック課金なので広告が表示され、クリックされると初めて課金される非常に明快な料金体系となります。

配信先

配信先は、かなり細かく設定できます。エリアなら○○大学のキャンパスを中心に5キロ以内といったピンポイントの設定ができます。

男女も絞れます。年齢層も設定できます。就活を控えている大学2〜3年生がターゲットなら、19〜22歳に設定します。見ているWebサイトやコンテンツでも絞れます。分かりやすいのはマイナビやリクナビを見ている学生です。媒体によってはこれはURLで指定でき、就活ナビをクリックした人に対して広告を出すという設定もできます。もっと言うと、大手就活ナビは全国版ですが、その中の富山県のページは「/toyama」（スラッシュ富山）のようになっていることが多い、配下のページです。見ているWebサイトはここまで絞っていくこともできます。

ユーチューブも同じくURLを指定できます。例えば人気の就活系ユーチューバーがいるなら、そのURLを見ている人を指定できます。

実は、全て手動でここまで細かくターゲットを設定しなくても、デジタルの世界で勝手にターゲットとなる人に対して広告表示をしてくれます。媒体が保有するビッグデータに基づき、似たような閲覧行動をしているユーザーを「類似ユーザー」としてグルーピングして、そのターゲットに対して広告を見せることができるようにプログラムされているのです。

例えば、クルマが好きで、普段からいろんな自動車のサイトを見ていると、ブラウザがそのことを認識して、クルマ関連のコンテンツが勝手に表示されます。これと同じ仕組みです。配信ターゲットを絞り、クリエイティブで欲しい人材に絞ったメッセージを打ち出し、さらにデジタル領域で自動的に配信先が絞られます。その結果、ピンポイントの一本釣りが可能になるのです。

低コストでいろいろ試せるのがSNS広告のメリット

ただし、必ずしもSNS広告を使った採用が成功するとは限りません。実際に、失敗例もあります。内定がもう出きっている夏の時期に「その内定先で君は本当に満足か?」と投げかける広告を出したことがあります。

内定を得たけれど、「本当にこの会社と結婚していいのだろうか……」とモヤモヤしているマリッジブルーのような学生をターゲットにした広告です。決断しきれずに何となく就活を続けている学生が広告を読み進めていって、「まさにここだ!」と思ってもられれば、蟻の一穴を開けて引き込めると考えました。ところがふたを開けてみたら、反応はイマイチでした。そこまで大きく学生の心を動かせなかったのです。

それでも、このSNS広告が成功しなかったからといって、当社にとってマイナスはほとんどありませんでした。むしろプラスでした。

というのも、SNS広告はコストが安いからです。求人サイトに掲載するには数十万円かかるので冒険はできませんが、SNS広告ならコストを最少にしつつも、様々な施策を試せるのです。

・どういうペルソナを設定した時に反応が良かったのか？　あるいは悪かったのか？
・クリエイティブはAとBのどちらが良かったのか？
・色だけ変えるのと、文言だけを変えているのではどちらの反応がいいのか？

低コストでこうしたことを試して、データを集めて分析し、次に生かせること。これがSNS広告の大きなメリットです。

当社ではこうしたテスト配信を行なうことを「フィジビリティ（スタディ）」と呼んで定期的に行なっています。全広告予算のうち約20％程度はこのフィジビリティを実施し、自社にとってのベストプラクティスを発見するようにしています。例えばこのフィジビリティを通じて、一般的な訴求にした時と少しエッジの効いた訴求にした時とではどれくらい反応が変わるのか？　なども貴重な示唆となり、こうした取り組みの中から得られた知見を以て、印刷媒体などの一度制作してしまうと修正が効きにくい採用ツールを制作する際の根拠や参考値として活用しています。データに基づいたフィジビリティにより、結果的には効果的な採用予算の使い方ができています。

ランディングページ（LP）は最初のラブレター

SNS広告をクリックした学生が飛んでくるのがランディングページ（LP）です。先ほど紹介した「最低でも北陸ナンバーワン」を打ち出したアルバイトの募集では、LPに次のような書き出しの文章を載せました。

「もしかして、あなたは地元にエキサイティングな企業がないと思っていませんか？東京や大阪といった都市圏の企業しか就職先として考えていないとすれば、それは大きな間違いかもしれませんよ」

さらに自社を紹介した上で、

「市場のニーズが高まっている中でリソースが足りていません。仲間が必要です。それがあなたかもしれません」

と語りかけました。さらにまだまだ続くけっこうな長文です。

「どうせ長い文章なんか読まれないのでは？」「ビジュアルが大事では？」と思っている人が多いでしょう。ビジュアルももちろん大事ですが、多少長くても、刺激的な文章は読んでもらえます。ましてやこの時の我々のターゲットはコピーライティングに興味のあるマーケター志望者ですから、これくらいの文章を読むのは朝飯前でしょう。

自社に対して間違ったイメージを持たれてしまうよりは、長い文章を通して自分たちの思いをストレートにぶつけたいというのが私の考えです。当社の思いに共感する学生だけに来てほしい。その方が結果的にお互いが幸せだからです。

ＬＰは、いわば初めて渡すラブレターです。文章のうまい下手はあまり気にしなくてかまいません。つたなくてもストレートな思いをつづった文章が相手の心に届きます。

自由に表現できるオウンドメディアを活用しよう

当社は創業から7年くらいマイナビやリクナビなどの大手就活ナビを使わずに、採用活動を進めてきました。というと脱ナビを経費削減のためのケチケチ戦略だと受け止める人がいるかもしれませんが、そうではありません。確かに脱ナビは「媒体へ支払う掲載コスト」のダウンになりますが、その代わり手間はかけなければなりません。

当社が力を注いできたのは「オウンドメディア」です。オウンドメディアとは、自社で自由に企画・運用できるメディアのことです。企業ホームページはもちろん、採用サイトや社長ブログ、SNSなどのいわゆる皆さんが想像される「一般的なメディア」に始まり、企業説明会の設営やその中で使用する資料作成、学生との交流会などの「場づくり」も自社のメディアだと捉えています。「メディア」という言葉の語源はラテン語の「medium（媒体、中間）」から派生し、「情報を伝える手段」や「仲介するもの」という意味で広く使われるようになりました。私たちは少し拡大的に解釈をし、「(採用における）人と人をつなぐ全てのモノ・コト・場所」をメディアと定義しています。

就活ナビはフォーマットが決まっていて、入れられる文字数も写真の点数や大きさも決まっています。例えば動画をアップしたいとなれば追加料金がかかることもあります。

こうしたフォーマット化されているものとは対照的に、オウンドメディアは自社で自由に表現できます。トンマナ（トーン＆マナー）から何から何まで全てを自社が判断できます。

就活ナビは確かに認知のための母集団形成にはメリットがありますが、欲しい人材を振り向かせるのは難しい。これは誰もが知る大手・有名企業と同じ土俵で戦うからです。広告費からして、勝負になりません。

オウンドメディアとSNSを駆使していかに学生に情報を発信して、欲しい学生に関心を持ってもらえるか。これが地方の中小企業の勝負どころだと考えます。

採用サイトを工夫するだけで競合を出し抜ける

株式会社インタツアーの2022年の調査によると、学生の志望度が高い業界は「IT・ソフトウェア・情報処理」「広告・出版・マスコミ」「食品メーカー」でした。一方、志望度が低いのは「介護・福祉」「建設・建築」「機械メーカー」でした。

建設業界や不動産業界は、仕事がたくさんあるのに人を採りにくいのが大きな課題です。なぜ、建設・不動産業界は人を採りにくいのでしょうか。もはや少数派だとは思いますが、いまだにパワハラ気質が抜け切れていない社長や幹部がいるのが学生に敬遠される一因とも言われています。学生たちは、業界や企業の体質を敏感に察知します。

一方で、建設・不動産業界にも時代に合った経営理念を掲げて、サーバント型リーダーシップを発揮しようとしている経営者もいます。それだけで、学生の目には魅力的に映ります。

ある建設会社の採用サイトでは、道路工事の現場写真と募集要項だけをアップしていて、人の顔も分からなければ、理念も掲げていません。

片や「街の100年先をつくる会社」といったメッセージを打ち出して、その下で社長が「こういうふうに私たちはなっていきたい」と熱く理念を語り、イキイキと働く先輩社員のインタビューが顔写真付きでアップされているとします。

同じ建設会社だとしても、あなたならどちらの説明会にエントリーしますか？　学生からすれば後者の方が魅力的でしょう。採用サイトの時点で、すでに勝負ありです。

学生目線の採用サイトをつくるだけで、いきなり競合他社より優位になる可能性があるのです。

オウンドメディアは「人感《ひとかん》」が9割

それでは、オウンドメディアにはどんなコンテンツを入れていけばいいのでしょうか？　まず、パーパスやビジョンを学生にも分かりやすい言葉で表現するのは必須です。「世の中にどんな価値を提供しているのか」「どんな未来を創造しようとしているのか」といったことを自分たちの言葉で表します。

募集職種と仕事内容も、学生に分かるように表現すべきです。

例えば建設業界には「施工管理」という職種があります。いわゆる現場監督です。しかし、建築や土木を学んでいる学生以外、施工管理という文字を見ても仕事内容を全くイメージできません。この職種を見ただけで、取りつきにくさを感じる学生もいるはずです。建設業界以外の人にも分かるように説明しましょう。

給与や勤務時間、福利厚生、休日休暇といったデータももちろん記載しますが、それよりもまずは、その仕事の具体的なイメージを色鮮やかに学生の中に持たせるための内容表現にこだわっていきましょう。

これらはどの企業の採用サイトにも載っているはずですが、ここで終わってしまっているのはよくあることです。

採用サイトで大事なのは「人感（ひとかん）」、つまり社内の人が見えることです。

・なぜ先輩社員はその会社に入社したのか？
・どんな人たちがどのような思いで働いているのか？

顔が見えて社内の空気感が伝わるコンテンツがあるだけで、採用サイトの魅力が一気に高まります。小ぎれいなデザインではなくても、多少編集がつたなくても、「人」が前面に出ている方が圧倒的に学生の反応が良いです。学生たちは「誰と働くか」「自分はどんな職場に属するのか」を強く意識しているからです。

・大型案件を受注したプロジェクトストーリー
・部署が違う人が連携して一つの仕事を成し遂げた開発ストーリー
・若手社員の入社動機や原体験のストーリー

などを掲載するのです。もし、女性が働きやすい会社をアピールするならば、出産後に育児と両立して働いている女性社員を登場させることも分かりやすい例の一つと言えます。

目的なきSNS運用を始めようとしていませんか？

最近では採用サイトに加えて、インスタグラムなどのSNSに採用アカウントを開設する企業が増えています。しかし「みんながやっているから」「流行っているから」という理由だけで、明確な目的もないままSNSを始める企業が多いのが現状です。社長から「SNSをやれ」と指示され、仕方なく運用を始めた採用担当者もいるでしょう。

大切なのは、SNSを使うこと自体ではなく、その運用目的を明確にすることです。採用における具体的な課題を解決するために、どのような目的でSNSを活用するのかをしっかりと考える必要があります。

やんちゃな見た目の社員が多く、一見「コワモテ感」がある電気工事会社があるとします。しかし実際はフレンドリーで礼儀正しい社員ばかりだとしたら、「社員の本当の姿を伝えたい」という明確な目的を持ってSNSを運用すれば、ビジュアルでアピールしやすいＳＮＳは大きな効果を発揮します。

では、ＳＮＳを運用しないと採用できないのか？　決してそんなことはありません。ＳＮＳをやらなくても、採用活動は十分に可能です。

むしろ、目的が曖昧で「とりあえずやっておこう」と中途半端に始めるくらいなら、ＳＮＳはやらない方がいいでしょう。

もしＳＮＳを運用するのであれば、「週1回は必ず更新する」「月に2本、隔週火曜日に更新する」といった具体的な行動目標をＫＤＩ（Ｋはkey＝重要　ＤはDo＝実行　ＩはIndicator＝指標）として定めることが重要です。よく間違った目標設定で「フォロワーを○名まで増やそう」とか「いいね等のリアクションを増やそう」といった指標を追いかけてしまいがちですが、採用のＳＮＳアカウントでは、こうした数値を追うことはほとんど意味をなしません。なぜなら、学生はフォローもいいねもしないからです。

ＳＮＳにどんなコンテンツを投稿する？

「ＳＮＳにどんなコンテンツを載せたらいいのか分からない……」

クライアントとお話していると、そんな悩みをよく耳にします。

簡単にできるのは、学生から受けた質問の回答をアップしていくことです。これまで説明会やインターンシップ、面接へと選考を進めていく過程で、学生からよく受ける質問があるはずです。それに対する回答をアップしていくのです。

つまり、企業ホームページでも「よくある質問（ＦＡＱ）」としてまとめられていることも多くありますが、同様のイメージで採用版として作成し、ＳＮＳや採用ページやオウンドメディアの中で発信していけると、採用アカウントを活用する良い取っ掛かりにもなりますし、接触学生の数だけ様々な質問も出てくるので、コンテンツの更新性も担保していくことができます。

ＳＮＳの採用アカウントを活用する取っ掛かりになります。

当社の場合、ＳＮＳアカウントのコンテンツで一番多いのは社員へのインタビューです。これが最も人感を出しやすいからです。一問一答形式のコンパクトなインタビューです。動画をアップすることもありますが、数枚のスライドにまとめることが多いです。

もちろん福利厚生などの会社の制度も取り上げます。新人の育成制度や研修制度を一問一答形式で動画にするのがおすすめです。オフィスツアーを動画にするのもいいでしょう。

リールと呼ばれる15秒や30秒の短い動画をインスタグラムにアップするとともに、長編動画を採用サイトに置いておくというやり方もあります。短編動画をそのままユーチューブのショート動画やティックトックに流す企業も増えてきました。

SNSのコンテンツも採用サイト同様、人感が出るようなものにしましょう。

ストックのオウンドメディアとフローのSNS

SNSアカウントには、オウンドメディアにはない特性があります。それは、学生に見つけてもらうための「きっかけ」になることです。

オウンドメディアに掲載したインタビューや座談会、Q&Aなどのコンテンツは、積み重なることで会社の資産となり、更新すればするほど「ストック情報」として蓄積されていきます。また、就活ナビなどで掲載した原稿や写真は、媒体の規約によって自由に使いまわすことが難しいですが、オウンドメディアのコンテンツは、自社の資産として自由に使い続けることができます。

しかし、オウンドメディアには難点もあります。それは、学生が自ら検索しない限り、見てもらえないことです。いくらコンテンツを充実させても、見つけてもらえなければ存在しないも同然です。そこで役立つのがＳＮＳアカウントです。

ＳＮＳは、インスタグラムなどで大量の情報が流れていく「フロー情報」として機能します。ＳＮＳは、人が多く集まる「渋谷の交差点」のようなものです。交差点に設置されたデジタルサイネージの広告を見て、「こんなお店もあるんだ」と気づいてもらえるのと同じように、ＳＮＳを通じて企業に対する第一印象をつくることができます。

その後、学生が企業のオウンドメディアに訪れ、豊富なコンテンツを通して企業の実態を理解してもらう――これがＳＮＳとオウンドメディアの役割分担です。

この「ストック情報」と「フロー情報」を組み合わせることで、ＳＮＳは学生に企業を知ってもらう「きっかけ」をつくり、オウンドメディアが企業の魅力を「納得させる」場として機能するようになります。

ＳＮＳ運用で陥りがちな四つのワナ

ＳＮＳを採用に活用する際、以下の四つのワナに注意が必要です。

ワナ１．フォロワーを増やそうとする

ＳＮＳと言えば、フォロワーを増やすことが目的だと思われがちですが、採用アカウントではフォロワーはなかなか増えません。学生は企業のアカウントに「いいね」やフォローを押すことをためらいます。自分の痕跡を残したくないからです。そのため、企業側としてはＳＮＳ運用の手応えを感じにくいでしょう。

しかし、フォロワー数が少なくても、学生は実際に見ています。確認するには、面接の際にＳＮＳについて触れる会話を通じて、学生がどれだけさかのぼって見ているかを探りましょう。これによって、学生の関心度を測ることができます。

ワナ2．毎日投稿しようとする

「毎日投稿しなければ」「ハッシュタグを30個付けなければ」といった定説がありますが、重要なのは量ではなく質です。投稿は週に1回や月に2回でも全く構いません。大切なのは、見ている人にとって有益な情報を提供し、継続して投稿することです。

学生は、ＳＮＳ更新を通じて、その企業が採用にどれだけ力を入れているかを見ています。定期的に更新されていれば、学生は「この企業は採用に本気で注力している」と感じ、自己重要感を持ってもらえます。

ワナ3．バズらせようとする

「SNSはバズらせるべき」「面白くないとダメだ」と考える人もいますが、実際にはバズを狙う必要はありません。大事なのは、たった一人でも欲しい学生に強く共感してもらうこと、そして「会社の中身が伝わる」ことです。

採用担当者だけでなく、現場で働く社員の様子もコンテンツに追加することで、会社が大切にする価値観や、それを体現しているアカウントづくりを意識してみて下さい。会社が伝えることで、会社の雰囲気が分かるアカウントづくりが重要です。

ワナ4．自分たちのことばかり発信する

SNSは元々、友達と近況をシェアし合うためのツールです。採用活動も同じで、企業側が自分のことばかり発信していては、学生に響きません。

「○○セレクションで金賞を受賞しました！」といった自社の成果を自慢するのではなく、学生の悩みに寄り添い、役立つ情報を提供することが求められます。例えば、就活のポイントや、社員インタビューを通じて仕事のリアルを伝えることが、学生にとって有益な情報です。SNS運用でも相手に価値を与える「ギブ」の姿勢を徹底しましょう。

写真や動画を上げたくても、上げられない悩ましき問題

実は、オウンドメディアやSNSに動画をアップすることには賛否両論があります。その理由の一つは、動画や写真に出たがらない社員が意外と多いことです。

インタビュー記事などには、できれば社員が写っている写真や動画を入れたいところです。顔が見えることで「人感《ひとかん》」が出て、学生が先輩社員をよりイメージしやすくなるからです。とは言え、社員に無理やり出演をお願いするわけにもいきません。最近では、コロナ禍の影響でマスク姿のまま出演しても不自然ではなくなり、マスクを付けたままなら出てくれる社員も増えてきましたが、特に気をつけなければならないのは、写真や動画がプライバシーに関わる問題を引き起こす可能性があることです。氏名を掲載するかどうか、ストーカー被害などにつながらないか――こうしたリスクも考慮しなければなりません。

正直なところ、動画に社員が登場すると再生回数が伸びる傾向がありますが、安易に写真や動画を公開することはトラブルの元になりかねません。大手求人媒体でも、最近は氏名をフルネームではなく、名字だけやイニシャル表記にするケースが増えてきています。

また、生成AIの活用により、スタッフの写真をイラスト化したり、顔だけを差し替えたりするというツールも世の中には出てきましたので、そういったものも活用しながら、安全性と効果性の両立を目指していきたいものです。

オウンドメディアが「0次選考」をしてくれる

オウンドメディアやSNSの運用には手間がかかりますが、それによって選考プロセスの効率化が図れます。つまり、1次選考の前に「0次選考」として機能するのです。

オウンドメディアに充実したコンテンツを掲載しておけば、その内容に共感した学生がエントリーしてくれます。一方で、合わないと感じた学生はエントリー前に離脱していきます。これにより、会社に共感する学生だけが選考に進むことになり、面接や説明会も効率的に進めることができます。

面接前に日程調整のメールで「私たちの一番大切にしている考え方をこちらに載せているので、ご覧下さい」と伝えるだけで、学生は自社への理解を深めた状態で来てくれます。「これについての感想を教えて下さい」と事前に宿題を出すことも可能です。これにより、入社意欲が高く共感している学生と効率的にコミュニケーションを取ることができます。実際に、オウンドメディアを見て当社の選考に来る学生は、質の高い質問をしてくれることが多く、志望動機も非常に明確です。

中小企業のオウンドメディアは必要不可欠

大手企業の場合、インターネットで検索すると、さまざまな経済雑誌やウェブメディアの記事が見つかります。大手企業の情報はあふれていますが、中小企業はそうではありません。検索しても、企業ホームページや採用サイト、求人広告くらいしか見つからず、企業の「正体不明」な部分が残ります。

オウンドメディアが薄ければ、学生は志望動機を考える材料がほとんどありません。学生に自社を理解してもらい、共感してエントリーしてもらうためには、オウンドメディアの充実が必須です。オウンドメディアが充実していれば、採用担当者も会社説明会や面接などの同じ説明を何度も繰り返す必要がなくなります。実際に、「ぜひ採用したい！」と思う学生は、オウンドメディアをよく見て応募してくれることが多く、企業にとっても大きなメリットがあります。オウンドメディアを充実させることが、優れた人材と出会うための鍵となるのです。

Part 4

「与える」選考プロセスが学生の心をつかむ

会社自慢の前にやるべきこと

学生は無名企業の会社説明なんて興味ない

あなたの会社は、説明会でどんなコンテンツを提供していますか。「創業70年」「エリアナンバーワン」「実績例」など、自社の強みをピックアップした資料を作成して、学生に説明するのではないでしょうか。「グラフで分かりやすくしよう」「写真を入れた方がいいんじゃない…」と、ビジュアル満載のパワーポイント資料づくりに腐心しているかもしれません。ほとんどの企業は、説明会で自社のことを説明します。

しかし、そもそも論として名も知らぬ中小企業の会社案内など、学生たちは聞きたいと思うでしょうか。志望が固まっていない段階の学生にとっては、はっきり言ってどうでもいい。全く興味ありません。「取りあえず出ておかないと次の選考に進めないから顔を出そう」というのが学生の本音です。

当社の場合、学生との最初の出会いとなる説明会では、自分たちの会社の話はほんの少しです。それでは何を話すのか。就活はもちろん、キャリア形成や人生など、学生に役に立つ情報を提供するようにしています。

学生は就活にあたって「何で働きたいんですか」「どんな仕事をしたいんですか」と、いきなり問われます。きっと、それまで真剣に考えたことすらないはずです。多くの学生にとって、将来の夢を考えるのは小学校の卒業文集以来ではないでしょうか。実に約10年ぶりです。私自身、大学時代に就活を始めた時、「そんなこと、いきなり言われたって分からんわ」というのが本音でした。

いきなり「就活して下さい」とポンと放り出されて、会社自慢を聞かされたところで、何も心に響くことはないでしょう。自分は何をやりたいのか、どんな心構えで社会に出たらいいいかすら手探りな状況です。

だからこそ、まずは学生に人生に役立つ情報を「与える」のです。自分たちが人材を採用しようとしているのは、自分たちの都合に過ぎません。自分たちが得る前に、先に学生に有益な情報を「与える」のです。

選考プロセスのなるべく早い段階で社長が登壇する

中小企業の社長はよく「社員は家族」と言います。社員にとって社長は会社での親のような存在です。だからこそ、採用プロセスでは社長が自ら経営者としての理念や仕事観、会社の未来、そして何より「親としての考え」を伝えるべきです。それが学生の印象に残ります。

「こういう親のもとで一緒に働きたいと思ってくれる人が欲しいんだよね」と、言えるか言えないかはとても大事な要素です。採用は社長の仕事です。

説明会がオンラインになったことで、社長や幹部陣のスケジュールを押さえやすくなりました。それこそ、オンラインなら出張先からでも参加できます。

しかも、就職戦線が始まるなるべく早い段階で社長が自ら出て行くべきです。意識が高い学生は早めに動き出すからです。そうした学生に強い印象を植え付けることができます。そこで他社と違ったインパクトを残せれば優位に立てます。

社長の話はほとんどが就活セミナーか能力開発セミナー!?

それでは、説明会でどのような話をすればいいのでしょうか。

当社の場合、一次説明会（オンライン）の冒頭で、社長の私が「ビジョンライブ!」と称して自ら登壇し、「20代のキャリアのつくり方」をテーマに話します。時間は45～

60分程度です。ここでは学生たちが就活をするにあたって知っておいてほしいこと、社会に出る前に知っておいてほしいことを中心にお話しします。「うちの会社にはこんなことを実現できる環境がありますよ」という話題に触れることはありますが、あくまでもそれはおまけです。当社に入ろうがどこの会社に行こうが「社会人として」役に立つ情報を提供することに終始します。

事前に公開しているプログラムを見た学生たちは「この会社は、就活に役に立つことを教えてくれるだろう」と思って、説明会というよりも、セミナーに参加するような感覚で来てくれます。

具体的には

・社会人として見つけておくべきマインドセット
・20代が自身のキャリアの中に占める重要性やそのキャリアのつくり方
・大企業と中小企業のメリット&デメリット
・不確実性の高いVUCAの時代に必要なスキル
・日本におけるDX人材の価値
……などと話します。

完全にギブ（Give）です。学生にとって、これから就活をして、社会人として長い人生を生きていく上で役に立つであろう情報を提供します。

経営者の方であれば、能力開発や自己啓発などのセミナーに参加したことがあるでしょう。イメージはそれに近いです。8割くらいは自己成長のためのセミナーのような内容で、自社の紹介はわずか2割くらいです。

その後、私の話を聞いて得られたことなどをグループワークで話し合ってもらいます。当社は広告やPRを扱う会社ですので、その仕事に少し関連づけて「今日聞いた内容をもとに会社のことを誰も知らない人にPRするとしたらどういう説明になりますか」とテレビCMと同じ15秒や30秒での説明を考えてもらって、発表してもらうこともあります。

このアウトプットを聞いていると非常に多くのことに気づかされます。私たちが説明会の中で伝えた様々なワードの中からどこが一番印象に残ったのか、また逆に残っていないのかをつぶさに把握することができます。ここでの気づきをもとに、次回の説明会ではもう少し伝わりやすい言葉を選ぼう、誤解を与えているかも知れないからもう少し例示を多めにしよう、などと次回への改善につなげていくことができます。

学生にとっては話を聞くだけのインプットばかりでは記憶は定着しませんので、この「ショートPR」というワークを通じて自分の言葉でアウトプットにつなげてもらい、より自社のことを印象に残してもらいます。

また、約1時間の内容を聞いて、それを15～30秒程度のアウトプットにしてもらうわけですから、その過程の中で「要約力」や「言語化力」を私たちは垣間見ることができます。

最後に、先輩社員との座談会も開きます。ここでも会話の中身は基本的には自社のことだけでなく、就活全体や働くということ、社会人とは、についての話題となります。学生が求めている情報を徹底的に提供することに終始します。

「この会社の人たち、ものすごく学生に関わってくれるな」
「役に立つ、いい情報を与えてもらった」

説明会に参加して、そう受け止めてくれた学生たちには「この会社、ちょっといいかも」といった感情が芽生え始めます。

そこで初めて「この会社、共感できることも多かったし、親身に話を聞いてくれたし、もうちょっとこの人たちの話を聞いてもいいかな」という気持ちになるのです。

その結果、

「次の2回目の説明会に進む人はいらっしゃいますか」

と投げかけられると、当社の場合は通常は8割くらいの学生が進んでくれます。

年によって異なりますが、当社の場合、最初の説明会はオンラインで4~5回開催します。1回あたり20~25人来てくれるので、合計100人くらい。さらに次の選考への遷移率は80%程度です。人口40万人程度の地方都市金沢にある無名のベンチャー企業でこれだけ集められればよい方ではないでしょうか。やろうと思えばそれぐらいはできるのです。

取り仕切るのは中年総務部長？　それともエース級の若手？

説明会での次の二つのシーンを思い浮かべて下さい。

一つは、話がうまいわけでもない中年の総務部長が話しているシーン。もう一つは、入社3~5年目のイキイキとしたエース級の若手営業社員が話しているシーンです。

どちらが学生にとって魅力的かは言うまでもありません。Part 2でエース級の社員を採用担当にすべきであることに触れましたが、説明会などをメインで取り仕切るのは優秀な若手営業担当者が理想的です。身近な存在に共感をしやすくなるためです。

・入社してみて「こんなはずじゃなかった……」を防ぐにはどうしたらいいのか？

・インターン期間にどんな準備が必要か？

・どういう考えを持って会社を受けると通りやすいか？

……など、若手の担当者自身が自分の体験を含めてリアルな就職について語るのです。

その時、自社に引き込もうという下心が見えては台無しです。ここでも、自社に来ようが来まいがどちらでもいいくらいの感覚で、ひたすらギブするのです。そうすると、結果的に多くの学生が次の選考に進んでくれます。

最初は「こんなことをしていて、本当に学生は選考に進んでくれるだろうか……」と不安があるでしょう。でも大丈夫です。回を重ねていくにつれて、次の選考に来てくれることが分かるはずです。

「これは！」という学生には個別にアプローチ

説明会では、私たちのスタンスとしてはただただギブに徹するわけですが、学生の会への参加の姿勢ややり取りの中から「この学生は良さそうだね」「発言がいいよね」というチェックは運営スタッフが必ず目を光らせています。中には「これは！」と思わせる学生がいることがあります。

残念ながら、次の選考に進んでもらいたい学生が説明会後のアンケートに「次に進むかどうか迷っている」「日程が合わない」と記入していることがあります。

その時、本当に日程が合わないのか、それともあまり気乗りしないから日程が合わないと言っているのかは、文面を見ただけでは分かりません。

そこで、気になる学生には「どうでしたか」と個別に連絡を入れます。「アンケートに、次の選考に進むか迷っていると書いてあったけど、どういう理由があるの？」と聞くと、「実は他社との日程調整に困っていまして……」といった答えが返ってきます。

その際には「別の日程もあるから、こっちの日程はどうですか？」とおすすめすることもあります。それこそ本当に欲しい学生だったら「あなた1人のためだけに別で時間を取るよ」と言うこともできます。実際に当社ではそうすることがあります。

これは完全に営業活動です。

「こういうふうにアンケートに書いてあったけど、本当のところはどうなの？」などと問いかけます。すると、当社の説明を誤解していることがあります。「あれはそういうことではなくて、こういうことを言ってるんだよ」と説明すると、「なるほど」となって、「それだったら自分のやりたいことと合います。次も進んでみようと思います」となることがあります。

逆に「今日、聞いてみて、自分には合わないと思いました」といった反応なら、「この学生は追いかけても入社しないな」と判断することもあります。

採用担当のミッションを「採用数」や、「選考をつつがなく進めること」に置いているとどうしても、説明会からインターン、面接といった選考フローに学生を乗せようとしがちです。しかし、採用活動の本来の目的はこれまでに何度もお伝えしているとおり「良い人材を採用し、活躍してもらい、会社を成長させること」ですから、選考フローをこなすことが大事なのではありません。一人ひとりの学生に合わせたオーダーメイドの対応をすべきです。

実際の仕事を体験してもらうプチインターンシップ

当社の場合、説明会の次の2回目の選考は、オンラインインターンシップのようなものを開きます。ここでは入社後に実際の仕事のイメージがわくような仕掛をしています。学生には「プロジェクトタネに入った4年目の田中さん」という架空の人物の入社からのストーリーを動画でまとめたものを見てもらって、追体験してもらいます。

先輩社員のアシスタントとして仕事を始めた新人の田中さんが、日々の業務の中で仕事を任せられ、様々な試行錯誤や葛藤、問題やトラブルの発生とその対応方法や未然防止のためには何が必要だったのか、などが体験できるワークショップを行ないます。当社では入社1年目から5年目程度までに想定される内容を盛り込み、動画なども活用しながら未来の自分を想像してもらう内容にしています。

年次や業務上のミッションの中で実際に先輩社員が直面してきた課題をもとに、「こんな時あなたはどうする?」を投げかけ、各種のミッションやケーススタディが体験できる内容となっています。ミッションクリアのために必要な情報や資料なども可能なものは開示しながら、仕事で成果を出すまでのプロセスで直面するシーンを細かく場面分けし、各ターニングポイントでどんな思考と選択をしていくと、より成長できるのか?

大きな成果に直結するのか？　といったケーススタディのワークを課し、その解説なども行なっていきます。

これは、「当社で働く」ということだけではなく、「社会人として働く」ためにはどのような思考と行動をするべきなのか、という観点からも学生には有効なプログラムで、学生はまさに「仕事を題材にしたRPG（ロールプレイングゲーム）」を体感しているような感覚で参加してくれています。

参加学生からは、このワークを通じて「社会人としての仕事の進め方のイメージを持てた」「報・連・相がトラブル回避のためにも大事なことだと実感した」「仕事の段取りやスケジュールは細かく決めた方がよいと感じた」「私ならあの場面はこうしたと思う」など、様々な意見も出てきます。参加満足度も90％を超えるほどの評価をもらえており、学生にとっても成長実感ができると評価してもらえているようです。

このワークが終わった後、「人事に何でも相談会」を開いて、学生の相談を受けます。すると、「今日の内容にも触れられていましたが、実際に先輩たちはどんな仕事しているんですか」「僕は営業をやりたいと思っているんですけど、どんなふうに営業しているんですか」といった質問が出てきます。それに採用担当者が回答していきます。もし、その中で絶対にこの学生は逃したくない、と思えるような人材がいた際は、個別にリクルーターや先輩社員などの面談を設定したりもします。選考プロセスに既定路線はありつつも、適宜最も効果性が見込めるアプローチを柔軟に模索していきます。

対面式にするのは、ようやく3回目の選考から

3回目からはリアル実施です。午後丸々5時間くらいをかけた、まさに魂を込めたワークショップです。

2回目の選考時にもアンケートを取って「次の選考に進みたいと思いますか」と聞きますが、いよいよ金沢に来なければならないという高いハードルができます。ここで来てくれる学生もいれば、離脱する学生もいます。

3回目の内容は、リアルのワークショップ形式です。6人のグループが四つくらいできます。

当社の場合、原則として新人は営業職スタートなので、営業体験です。当社の商材を使った課題解決策を企画・提案してもらいます。

例えば、スポーツジムのお客さんがいます。課題は、若者や女性の入会者を増やすこ

と。それに対して、当社が持っている商品を使って課題を解決するためのアイデアを皆で出していきます。その結果をグループの代表者にプレゼンテーションしてもらいます。するとグループの中で目立った活躍をする学生が出てきます。

最後にグループの中で「今日のＭＶＰ」や「最もチームに貢献した人」など、互いの印象を共有し、すばらしかった点やポテンシャルについてのフィードバックをし合います。参加学生は仲間からのポジティブなフィードバックを通じて、自己承認を感じることもできます。

この選考の次からは、１～３カ月間の中長期インターンシップに入っていきます。

「ウチはこんなに丁寧に選考できないよ……」と思ったかもしれません。しかし、大手でも実に丁寧に採用活動を進めている企業は多くあります。

「ここまでできないよ」とほとんどの中小企業は思っていますが、だからこそ差別化できる要因になるのです。

学生の本質を見抜く「ライフラインチャート」と「ビジョンキーワード」

先に与えるのが基本ですが、与えるだけでは選考になりません。与えると同時に学生を知ることも必要です。学生の自己分析や自己理解をサポートして適切なフィードバックをしつつ、相手を知るようにします。

そのために私たちが取り入れている方法が二つあります。

一つは「ライフラインチャート」と呼ばれる方法です。ライフラインとは、自分のこれまでの人生の幸福度を1本の線で表したバイオリズム曲線のようなものです。

その中で、学生一人ひとりに今までの人生の中の三つの大きな出来事、影響を与えられた2人、一つの最も大きな決断をピックアップしたライフラインチャートを書いてプレゼンしてもらいます。

もう一つは「愛」や「感謝」「誠意」などの、キーワードの中から、自分を表現するものを三つ選んでもらう、そのキーワードを選んだ理由とそれにまつわるエピソードを皆の前でプレゼンしてもらいます。

すると、中には感極まって泣き出す学生もいます。「私がこのキーワードを選んだのはこういう理由で、親からこういうふうな愛情を受けてきたので」といったことを打ち明ける学生もいるのです。そこからも学生の本質が見えてきます。

さらに、プレゼンを聞いている学生に「君はどう思った？」と質問します。すると、「この学生は人の話をよく聞いた上で、自分の頭で考えている」「この学生は共感性が高い」といったことが見えてきます。こうしたことが選考の材料になるのです。

こうしたことを取り入れることで、学生自身が自分を省みることができると同時に、企業側からは学生の発言や思考の根本にある本質をつかむことができます。

学生を知るには様々な個性や性格診断テストも有効です。当社でも、ＭＢＴＩ診断や個性心理學、タレントアナリティクスという適性検査などを複数活用し、様々な角度から学生の個性や特性、可能性を見出していきます。

担当者の主観に頼ったり、属人化しないよう、ニュートラルに判断ができるように様々な施策を行っています。ただ、私はこうした診断を１００％は信じていませんので、面接の前にはなるべくこうした診断結果は見ないようにしています。先入観を排除するためです。

学生とやり取りしていく中で、「この学生からはこんな印象を受けたな」「こんなところが少し気がかりだな」などの考えがあってから、各種の診断結果を見ると、「あー、なるほどな」というところがあります。データを見てから人を見るのではなく、人を見てからデータを見るようにしています。

決して学生を頭から否定しない

学生の話を聞く時に、とても大事なポイントがあります。それは、絶対に頭ごなしに否定しないことです。

学生がライフラインをプレゼンする時など、私らはひたすら傾聴します。「そうか、そうか」とうなずいて、聞くだけです。当社の社員たちも誰も学生を否定しません。「それはすばらしい経験だね！」などと、基本的に全承認です。学生を丸ごと受け入れます。

そもそも当社はフィロソフィーの中で「否定しない」を明文化しています。当社には否定しない文化が根づいているので、社員たちが発言する時に恐れがありません。自分が何を言っても「それいいいね！」と皆がその考えに乗ってくれるからです。

社員たちが誰も否定しないから、学生たちも選考過程で恐れることなくのびのびと自分を開示してくれます。

自己を開示してもらった方が、その学生の本質を知ることができます。

エントリーシートなんてチャットGPTが書いてくれる

私は学生が書くエントリーシートは重視しません。今どき、エントリーシートの自己PRなんて、チャットGPTが書いてくれます。志望動機を知りたいと思うかもしれませんが、海のものとも山のものともつかない地方の中小企業を受けるにあたって、志望動機なんて書きようがありません。

「うちの会社のことをちゃんと調べてから受けてほしい」という気持ちも分かりますが、ではそもそも、オウンドメディアを充実させて、学生が知りたい情報を分かりやすく発信できているのでしょうか？

学生に事前準備を強いるよりもむしろ、選考プロセスのその場で学生の人となりや考えを引き出していくことを考える方が現実的です。

「あなたのコアになっている部分って何ですか？」
学生の核心となる部分を選考プロセスの中で引き出していくのです。

面接だけでは見抜けない。面接なしには見抜けない

それでは面接なら学生の本質を見抜けるかと言えば、これもまた難しいですね。一般的に、新卒採用での面接は3回くらいで、1回あたり15分から長くて1時間程度。延べ時間にしても長くて数時間です。その中で、学生の本音を見極めるのは難しい。面接用に取り繕われたら分からなくなってしまいます。だからといって、面接が不要だというわけではありません。面接は学生を知る有効な手段です。

1回の説明会には学生が20人くらいいます。設定したペルソナの人材に「こういう態度を取ってほしい」「こういう発言をしてほしい」と考えていても、1対20の状況では思うようにはいかないのが現実です。学生一人ひとりと話す機会も多くはありません。

それなのに「今の学生たちは何考えているか分かりにくいんですよ」と言ったところで、そもそもしっかりと学生の話に耳を傾けていないのに、分かるわけがありません。

個別に面談して口説きにいく時間を取ることによって、初めてお互いの理解が深まる

のです。面接で探るべきは、その学生の判断基準の根っこにある価値観。それを引き出すのに有効なのが次の質問です。

「子どものころ、両親や祖父母に『必ずこれは大事にしなさい』と言われたことは何ですか？　覚えているものはありますか？」

すると、学生は少し考えて「ありがとうやごめんなさいを必ず言いなさい」「食べ物は残すな」など打ち明けてくれるので、その理由やエピソードにも耳を傾けます。

この答えから、判断基準の根っこにあるものが何かをうかがい知ることができます。つまり、その人が大事にしている価値観や人生の理念です。これはライフラインプレゼンと通ずる内容です。

インターンシップでもギブを貫く

近年、インターンシップという言葉の定義が曖昧になってきています。インターンシップとは「見習い」であり、本来、社会に出る前に仕事を体験することです。

ところが、インターンシップが合同説明会になってしまっているという形骸化が進んできました。とりわけ1日だけの「ワンデーインターンシップ」となると、ほとんど自社の説明ばかりで、取って付けたようなワークを少しやるくらい。インターンシップとは名ばかりの説明会が実態でした。

ワンデーインターンシップはさすがに本来のインターンシップとはかけ離れていたので、経団連の意向などによって廃止されました。それでも「ワンデー仕事体験」などと名称を変えてしぶとく残っています。

一方で、戦力として有給で働いてもらうアルバイトとインターンシップの境界もあいまいになってきました。実質的にはアルバイトなのに、インターンシップと称して無給で働かせることが社会問題化しました。いわゆる「ブラックインターン」です。

インターンシップを実施するならば、期間をどれくらいにするのか、無償か有償かといったことはきちんと設計した方がいいでしょう。

多いのは、長くても5日間くらいで、会社の説明やワーク、先輩社員と同行しての仕事体験といったプログラムです。インターンシップも、就活に役立つことを前面に打ち出さなければ、学生たちは来てくれません。

学生が時間を投資してくれることに対して、企業側はそれを返さなければいけない。

企業はインターンシップでも学生を選んでいるのではなく、学生から選ばれているという感覚を持つべきです。完全に接客です。学生たちはお金を払っていませんが、時間は投資してくれています。仮に5時間分のアルバイト代だとすると、時給1100円だとしたら、5500円プラス交通費相当というコストを学生は投資して来てくれていることに対して、何を提示できるかが問われるのです。

インターンシップでも会社の説明はあくまでもおまけです。それよりも「参加して勉強になった」「こんな世界があるとは知らなかった」「こうすれば就活がうまくいくんだ」という気づきや見通しを持てる時間にしてあげるべきです。

当社の場合、中長期のインターンシップを実施して、時給を払っています。だから最近はインターンシップとは呼ばずに「学生アルバイト」という表現を使うようにしています。

学生アルバイトの受け入れは社員育成につながる

就活ナビや採用サイトに記事を載せるためにインタビューを受けることは、若手社員にとってとてもいい研修になると言われます。なぜ入社したのかといった原点や仕事のやりがい、事業の社会的意義を改めて省みることになるからです。

学生アルバイトの受け入れにも同じことが言えます。

実は中長期的にアルバイトの学生を受け入れるのは極めて負担が大きいです。受け入れ部署のリソースを取られるからです。

当社でデザイナーの学生アルバイトを受け入れるとなったら、先輩社員が自分のデスクの隣に座らせて仕事を振り、やり方を教えて質問にも答えなければなりません。

1人で仕事していれば楽なものを、部下が付くことで手間がかかったり、時間を取られたりします。だから、面倒くさいと思って中期的な学生アルバイトを受け入れたくないと考える企業も多いのが実情です。

しかし、インターンシップは学生のためになるだけではありません。よく知られているのは、教わる側より教える側の方が教育効果が高いことです。入社数年の若手社員もいずれはマネジメントの立場になって部下を持ち、新人を教えることになります。若手社員がインターンシップで受け入れた学生を教えることは、そのためのトレーニングになるのです。何となく学生の面倒を見させられているだけではフラストレーションがたまる一方ですが、将来のキャリアアップの準備という意義づけができていれば、若手社員本人も学生との向き合い方が変わるはずです。

前提として、社長は会社としてなぜ新卒を採用するのか、採用には何の意味があるのかといったことをきちんと全社員に伝える努力が必要となります。また、インターンシップを受け入れることが本人のキャリアプランにとっても大事なことである、と明確に伝えることが重要です。

その上でインターンシップの学生を受け入れれば、社員たちは「そうか、こういう目的があるからか」と納得して対応します。この理解が抜けていると、社員たちは「負担ばっかり増やしやがって」と不満を募らせるのです。

インターンシップは、学生の採用と若手の育成を両方視野に入れた3年後、5年後の未来のための種まきです。

優秀なバイトが優秀なバイトを呼ぶ「バイトリファラル作戦」

当社の学生アルバイト（中長期インターン）は大学4年の12月までが基本です。卒業までの残り3カ月間は、卒論をまとめたり、卒業旅行などで最後の学生生活を謳歌したりといった時間に使ってほしいからです。当社に入社する学生なら、再び4月から出社するという流れです。

富山大学の4年生だったO君が当社でアルバイトをしてくれていましたが、1月から抜けてしまうので、私は「誰か3カ月だけでも働いてくれる学生はいない？」と聞いてみました。「いいやついますよ」と、O君が紹介してくれたのがT君でした。T君が3カ月アルバイトしてくれましたが、大手インターネット企業への就職がすでに決まっていました。そこで、T君がさらなる後任として連れて来てくれたのが富山大生のN君でした。N君は2年くらいアルバイトしてくれて、そのまま入社して、今やコンサルタント営業として大活躍しています。

「金沢を中心に富山・福井エリアで圧倒的にナンバーワンを目指したい学生を募集」という打ち出しで、国立大学周辺エリアに絞ってSNS広告を出していることはPart3で述べました。個性的で尖っている学生しかこんなキャッチコピーに惹かれ応募してきません。

そしてその友人もまたいわゆる「意識の高い学生」であることも往々にしてあります。

こうした、友人の友人といった紹介ルートを意図的に押さえ続けていくことが、当社の切れ目のない採用を実現できた大きな要因とも言えます。

学生アルバイトが超大手に就職することがブランディングになる

とは言え、優秀な学生アルバイトが全て卒業後に入社してくれるわけではありません。当社も数多くの優秀な学生を採り逃してきました。

当社の学生アルバイトたちはこれまで、日本を代表する総合インターネット企業や通信キャリア系金融機関、有名クラウド会計企業など、大手・上場企業などに数多く就職していきました。

アルバイトとして働いてくれた学生たちに、私たちは知識や経験を数多く付けさせて、当社に入れば即戦力として活躍できるくらいにまで育てました。だから当然、当社としても内定を出すに値する人材ばかりです。

大手企業からも内定を取った学生は、どちらに入社するか悩んではくれますが、最終的には当社が負けてしまうこともあります。当社でアルバイトしている学生たちは大手企業からどんどん内定をもらって巣立っていくこともままあります。

私の本音はそのまま当社に就職してほしいのですが、学生アルバイトが大手企業に流出するのは、必ずしもマイナスばかりではありません。

「人を育てるのが上手な会社」「優秀な学生がアルバイトする会社」というブランディングになるのです。

実際に、先輩のアルバイトたちが大手企業に続々と就職していっていることを実績として、それを見た後輩世代の優秀な人材がまた当社の門を叩いてくれます。

手塩にかけて育てた学生を放出するわけですから、本当は大手企業から移籍金をもらいたいくらいですが、そうもいきません。もしかしたら、いつか元学生アルバイトが何か状況が変わった時、当社に戻ってきてくれるかもしれません。

だから「いつかまた来てね」と快く送り出すようにしています。

明日から始められるインターンシップは「社長のかばん持ち」

「インターンシップを始めたいけど、何をやればいいか分からない……」

経営者のそんな声を耳にすることがあります。例えば、社員10人の会社でインターンシップの学生を受け入れるとなると、いくらメリットがあるといっても、負担が大きい。インターンシップを始めるならば、手っ取り早く簡単にできる方法があります。

それは「社長のかばん持ち」です。これは、当社ではかつては私も営業の最前線でクライアントを持っていましたので、インターンシップの学生を毎日クルマの助手席に乗せて、「今日のお客さんはこういう会社で、今日はこういう目的があって行くんだよ」と伝えて、一緒にアポイント先に行って、商談にも同席してもらっていました。

クライアント先では、私の横に座ってもらい、一生懸命メモを取らせました。商談が終わってオフィスに帰ったら、今日分かったことと分からなかったことを整理してまとめてもらっていました。

この社長のかばん持ちなら、社員の負担になりません。社長がまだ現場に出ているなら、インターンシップを始める取っ掛かりとしては、この社長のカバン持ちが一番始めやすいと思います。

社長のかばん持ちは社員の負担にならないだけではありません。学生にとって、大いに勉強になります。行き帰りのクルマの中で、社長の仕事観からプライベート観まで、いろんな話を聞けます。社長を1日完全独占している状態なので、お互いの価値観をすり合わせていくこともできます。

社長側にとってもメリットが大きいです。今どきの学生が何を考え、どんな思いがあるのかをうかがい知ることができるからです。

私が以前、社長のかばん持ちを導入していた時は、学生5人くらいで5日間くらいかけていましたが、それほど負担にならずに順番に対応できました。

もし、一緒に1日過ごしてみて、気に入った学生がいたら、延長してもいいですし、有償のアルバイトに切り替えて、中長期的に働いてもらってもいいでしょう。

定量&定性データを収集するマーケティングの基本のキ

「いやあ～応募、来ないっすね」「志望度の低い子ばっかり来るんですよね」

採用担当者から、そんなボヤキを耳にすることがあります。学生が何を見て説明会に来て、どの辺の情報まで理解してから面接に来ているかが分からないまま、漠然とした悩みを抱えているケースが多いようです。

このあやふやな状況を解消して採用プロセスを改善するには、定量と定性のデータを収集することが不可欠です。何となくの勘に頼るのではなく、データに基づいて現状を把握するのです。例えばＷｅｂサイトに何人来ているのか、どこのページがどれだけ見られているのか、また、そのページの滞在時間の長さはといったデータです。

さらに、説明会から次の選考へ何％の学生が遷移しているかといったデータをストックしていけば、自社の現状が浮き彫りになります。今回は平均値よりも高かったのか、低かったのかといった判断ができるでしょう。選考のどのプロセスの課題が大きいかも明確になります。遷移率を何％まで上げるという目標設定もできます。

さらに、何％が遷移したという定量的なデータだけではなくて、アンケートを取ることで定性的なデータも常に取得できる状態にしておきます。そうすれば、変化が起きる時の兆しを把握しやすくなります。そこで得られたものも脈々とストックされていくので、次年度の採用活動にも活かしやすくなります。

定量・定性的なデータを取るというのはマーケティングの基本中の基本です。ところが、本業のマーケティングではできていても、採用活動ではできていない企業が意外と多いものです。まずはデータを取得する、可視化することから始めて下さい。

エントリーまでの流入経路は必ず確認する

アンケートでは、学生がどの媒体を見て自社を知ったかを必ず確認します。単に最初にどの媒体で見たというだけでなく、例えば「最初にオファーボックスを見た。その後、採用サイトを見て、何だか雰囲気がいいなと思って応募した」といったように、エントリーまでの流入経路を把握できる限り全て確認しましょう。これによって、選考プロセスのどこに注力するべきかという優先順位が見えてきます。

県の企業ナビを見たのがきっかけだった学生がいたとします。実際に会ってみると、自社の理解度が低くて応募動機が甘いことが分かったら、途中の経路で魅了づけができていない可能性が高いと言えるでしょう。

対策として、自社の採用サイトにもっと自社の魅力を伝えるコンテンツを追加していくのが一つの手です。あるいは、SNSを始めてもいいでしょう。いずれにしても、学生が自社を知ったきっかけや経路を知らないと、対策の立てようがありません。

今年度と次年度を同時に改善する「高速PDCA」

通常のマーケティングでは、今月の結果を次月の施策に生かしていくパターンが多いでしょう。月単位でPDCAを回していくのです。一方、新卒採用は流れがやや複雑です。というのも、当年度中にすでに次年度の採用プロジェクトがスタートしているからです。

例えば2026年卒の新卒採用プロジェクトは2024年の夏ごろから始まり、決着するのが2025年の秋ごろです。そこで内定承諾をもらって、2025年の10月に内定式を開き、翌2026年の4月入社という流れです。

この2026年卒の採用活動を進めている最中、まだ内定式を開く前の2025年の夏ごろにはもう次の2027年卒の採用活動が始まります。

ということは、採用活動が全て終わってから振り返りをしていたのでは遅く、それでは次年度の採用活動の改善には間に合いません。初期の設計はきちんとするにしても、全て額面通りに真面目に進めればいいというわけではないのです。その都度、課題を抽出して、その都度、次年度の採用プロセスを改善します。

と同時に、当年度の採用活動も改善します。4回開く説明会の1回目で課題が浮上したのなら、残り3回を改善しなければなりません。

1回目の合同説明会を開いた時に学生にアンケートを取ると、「こういうところが良かった」「こういうところが分かりにくかった」といった回答が寄せられます。自分たちが伝えたいと思っていたことが、うまく伝わっていないことが判明することがあるわけです。学生からフィードバックがあった瞬間に「こういう進め方に問題あったんだったら、次の回ではこういうふうに変えていかなければいけない」「資料をちょっといじってみようか」「こういう質問が多かったから、もっとここのスライドの説明を増やそうか」と、次々と改善していかなければなりません。

当年度と次年度を同時に改善していくとなると、全体の効果検証のスピードを上げないと間に合いません。当年度と次年度の選考プロセスのＰＤＣＡを同時に高速で回していかなければならないのです。

選考フローの改善を続けていくと、学生の次の選考への遷移率が上昇していきます。たとえ母集団形成がうまくいかなくても、遷移率が上がれば採用の可能性は大きく高まります。

何十人も何百人も採る企業は別ですが、1～数人を採用するような中小企業なら、高速ＰＤＣＡによる遷移率の向上が採用成功にダイレクトにつながります。

コラム

高度なスキルの人材はフルリモートで全国から募る

会社を経営していると、高度なスキルを持つ人材が必要になることがあるでしょう。ところが地方の場合、地元に意中の人材がいるとは限りません。

当社の場合、中途採用でフルリモート人材を活用しています。SNSやSEOのスキルがあって、首都圏在住の人材に契約社員で働いてもらっています。週5日のフルタイム勤務ですが、もちろんフルリモートです。

細かく労務管理はしていませんが、給料に見合う仕事をしてくれればかまわないというスタンスです。プロ野球の助っ人外国人に例えるなら、シーズン30本のホームランを打ってくれれば、練習方法には口を出さないといったところでしょうか。

ただし、密にコミュニケーションを取るための工夫は必要です。当社の場合、半年に1回くらい、社員総会などの会社の行事の時に本社がある金沢に来てもらっています。私が出張で首都圏に出た時に会いに行って、食事しながら面談することもあります。

リモート人材を必ずしもフルタイムで雇う必要はありません。

当社のクライアントの住宅会社では、デジタルマーケティングに精通した大手広告代理店出身のフリーランスの人材を月に何時間かフルリモートで雇っています。

フルリモートの人材を募集すると、地元出身の人が応募してくれることがあります。「地元に少しでも貢献できると思った」という思いから応募する人も多いようです。地元出身の人材なら、土地勘や地元気質にも精通しています。地元出身ならではのアイデアが出てくることもあります。

今、地方の自治体は「関係人口」を増やそうとしています。関係人口とは、継続的に地域に関わる人材のことです。地方自治体は長らく移住者を増やそうとしてきましたが、思うようにいきませんでした。そこで、関係人口という概念を打ち出すようになったのです。行ったり来たりする2拠点生活「デュアルライフ」などが代表例です。私はこれは理にかなっていると思います。先ほどのように、都会で暮らしていても、地元に貢献したい人がいるからです。

フルリモートの人材を探すのは難しくありません。今は、「複業クラウド」「カイコク」といった副業人材が登録しているプラットフォームがいろいろあるからです。もちろん、自社の採用サイトに副業人材募集の採用情報を掲載してもいいと思います。

Part 5

地方のハンディを
アドバンテージに変える

「自然が豊かな職場です」は禁句！

物質的にも精神的にも豊かな地方生活

東京で生まれ育った私が北陸に移り住んで感じた最大の驚きは、若い世代でもゴルフを楽しんでいる人が多いことでした。東京では、ゴルフ場までの距離もあり、料金も高いため、若い世代ではゴルフをする人は少数派です。多くの場合、ゴルフは収入に余裕が出始めた20代後半〜30代頃から始めるもので、20代でゴルフをするのはよほど好きか、もしくは一部の特別な層という印象があります。

しかし北陸では、ゴルフ場が車で気軽に行ける範囲にあり、料金も東京に比べて格段に安いので、若い世代でも気軽に始められるのです。

また、北陸ではスノーボードやスキー、釣りといったアウトドアアクティビティが簡単に楽しめるのも特長で当社の若いメンバーでも「休日は釣りによく行く」という者もいます。東京ではこれらの趣味を持つには相応の時間や金銭的な余裕（大前提として自家用車）が必要ですが、北陸では日常的な楽しみとして定着しているため、誰もが自然に触れながら休日を楽しんでいます。また、賃貸マンションなどの家賃も格段に安いため、より広い住まいを確保できるのも大きな魅力です。

カフェやレストラン、居酒屋に至るまで、パーソナルスペースはゆったりしていて隣の席との感覚も広いことも多いので、リラックスして過ごせます。

特に当社が拠点を構える石川県金沢市や富山県富山市などは、生活圏としても必要なものは十分に揃いますし、文化芸術面でも大変豊かな街だと感じます。首都圏や関西圏にも2時間半程度でアクセスできる機動性もあります。「適度な街感と適度な田舎感」のバランスのよい地方生活には、都会では手にしにくい、目には見えない精神的な豊かさと余裕が随所にあります。

「自然が豊かで暮らしやすい！」は二の次、三の次

地方の魅力として、豊かな自然や住みやすい環境がよく挙げられます。しかしながら、働く若者にとってそれが決定打となることはほとんどないと考えた方がよいでしょう。自然の豊かさに惹かれて移住を考えるのは主にリタイア後のシルバー世代であり、現役世代の若者にとってはあまり強い動機にはならないようです。

現役世代が求めるものは、「豊かな自然」ではなく、あくまで「やりがいのある仕事」です。いくら住環境が整っていても、自身の成長につながるような刺激的で満足できる

仕事がなければ、地方での生活は空虚にすら感じられるでしょう。「地方には面白い仕事がない」というイメージを持たれていることこそ、地方が抱える大きな課題です。

では、本当に地方には「面白い仕事」が存在しないのでしょうか。決してそんなことはありません。むしろ地方にも面白い仕事は数多く存在しますし、地方の中小企業ではそんな仕事の中心的プレイヤーになって、裁量権を大きく与えられるチャンスも多くあります。ただ、その存在を知られていないという広報的な問題があるように感じます。

地元に魅力的な会社がしっかりと存在している、という事実が知られなければ、優秀な若者は都会へ流出してしまいます。逆に、地元にやりがいのある仕事がこれほどに存在しているということがしっかりと伝われば、地域に留まる若者も増えるでしょう。地方には多くのリソースが存在しており、それをしっかりと認知してもらうことができれば「地方でも、働くことに人生をかける価値がある」というメッセージを伝えることができます。学生たちが求めているのは自然ではなく、人生をかけるに値する仕事です。

コミュニケーションの基本は「伝わっていなければ、伝えていないも一緒」「知られていなければ存在しないも一緒」ということです。ローカル企業の採用担当者は、このことを前提に理解し、「誰に、何を、どこで、どのように、どれだけの頻度で」という、マーケティング思考をもって、自社の魅力をどう伝えていくかをもっともっと重要視していかなければなりません。

オウンドメディアで「親ブロック」をもブロック

採用活動を進める中で「親ブロック」が大きな壁となることもあります。Part1の中でも紹介しましたが、私たちの会社が創業2年目でまだ社員2名の時に、新卒第1号で入社を決めてくれたS君は、大学進学を機に栃木県から北陸に移り住み、富山大学を卒業後に当社に入社しました。

彼は大手企業からも内定を得ていましたが、最終的には当社を選んでくれました。しかし、親御さんは息子が北陸の小さなベンチャーに就職することに対し、当初は不安を抱いていたようです。

しかし、親御さんが私の書いていたブログを読んで下さり、「この会社なら安心だ」と息子の決断を応援してくれたそうです。

地方の中小企業が学生を採用するには、学生本人だけでなく、家族にも理解と安心感を与えることが必要です。学生たちは、親の意見に大きく影響を受けることが多く、親が「そんな会社はやめなさい」と反対すれば、入社をためらってしまうこともあります。親御さんにとっても納得のいく企業であることを伝えるために、オウンドメディアで情報を発信し、学生とその家族双方の心をつかむことが重要になります。

保護者へのお手紙で感謝を伝える

採用サイトに「保護者の方へ」というページを設ける企業が増えています。保護者に対しては、「この企業なら我が子を安心して任せられる」と感じてもらうことが重要です。保護者は企業のホームページを見る際、ミッション・ビジョン・フィロソフィー（MVP）をしっかり読み込み、経営者の姿勢や企業の将来性について判断します。

学生にウケを狙った軽い内容のコンテンツは避け、保護者が見ても信頼できる情報を提供することが大切です。保護者が「この会社なら応援できる」と感じれば、学生も安心して入社を決断できるでしょう。

当社の場合、内定を出す前の最終面接に、社長の私との1対1の「サシ飲み面接」という会食の場を設けています。この会食は選考プロセスとしては一応「最終の面接」という体裁を取っていますが、実はこの最終面接で落ちることはほぼありません。なぜなら、ここに至るまでの選考過程の中で、選ぶ側も選ばれる側も相当にパワーをかけてきていますし、また相互理解もかなり進んだ状態で、この場がいわば「最後の意思確認の場」として設えられているからです。

私は採用面接のプロセスは、企業と学生の人となりを知り、双方の過去、現在、未来を理解し、お互いが心の底から「この人と（企業と）これからの社会人人生を共に送っていきたい！」と思えるような時間にすべきだと考えています。これまでにもお話してきましたが、企業にとっての採用活動と、学生にとっての就活は「自由恋愛で結婚に至るまでの交際期間」であると考えるためです。

ですから、この会食の場では、特に未来についての話をします。

・もし入社したら、どんな1年目を送っていきたい？
・3年後、5年後、会社としてはこんな所を目指しているよ
・あなたがもし結婚して親になることがあったとしたら、どんな人になっていたい？
・この地域や社会がどんなふうになっていったらワクワクする？　その中で私たちは

どんな貢献や影響を及ぼすことができそうかな？
などと色々な話をしながら、最終的に「じゃあ一緒に頑張っていこう！」「あなたの未来を応援するよ！　私たちにも力を貸してほしい！」となり、内定を出します。

その時、私は保護者向けに書いたお手紙を渡します。「○○君のお父様、お母様へ」という手紙には「この会社に入りたいと思ってくれたことに心から感謝しています」と記した上で、次のようなことをつづります。

「社会は変化するので、10年先、20年先に何が起きているかは正直、分からないことも多いですが、当社を選んでくれたお子さんを、どこへ行っても通用する人材に育てることを社会人の親父としてお約束します。ぜひ応援して下さい」と。

保護者に直接お会いしに行って、手紙に書く内容をプレゼンさせていただいて、「うちはこういう会社です。お預かりしたご子息はこのように育てていきます」とお伝えするのがベストです。しかし、手紙でも十分に心は伝えられます。保護者への感謝を伝えるようにしてはいかがでしょうか。

内定者を囲い込まない。他社も見て！

約2年間のアルバイトを経て当社に入社し、大活躍しているN君についてPart 4で触れました。N君はアルバイト時代、そのまま当社に入ることを希望していました。私はN君に次のように伝えました。

「君がうちで働きたいと言ってくれていることは嬉しいし、うちは君が欲しいけど、ちゃんと就活はしなさい。他社から内定をいただいて、ちゃんと自分自身は他の会社からも必要な人材だと認められた状態で比較検討した上で、それでも当社を選ぶなら入社してもらいたい」と。

N君はこの言葉から、当社でのアルバイトをしつつ、就活を成功させるためのセミナーやワークショップなどに積極的に参加し、自らを高める努力をしていったそうです。東京などの会社を受けて、他社でも内定をいただいた上で、最終的に当社を自分の意志で選んでくれました。

なぜ当社を選んだのかを聞いてみると、

「いや〜ここがいちばん自分のことを大切にしてくれるからです。一緒に働きたい仲間がいるからここにしました」と話してくれました。

私は「自分の居場所はここである」と自ら選択してくれたことに意味があると思います。企業と求職者とは「互いに選び選ばれる対等な関係性」にあります。もしNくんが「プロジェクトタネに入社したいです」と言ってくれた時に、私が「待ってました！」とばかりに「じゃあ、もう就活はやめてうちに入社しなよ。内定出します！」としていたら、きっとN君のその後の自信につながらなかったのではないかと思います。

彼自身は「複数の企業からも入社してほしいと選ばれる人材になろう」と努力をしましたし、「複数の選択肢の中から、自分でこの会社を選んだ」という意志と覚悟を腹に決めたのです。この努力の過程と自分で決断したという事実は、彼自身の今後の社会人人生の中で大きな意味を持つと私は信じています。

彼はきっと「自らの決定を自らの手で正解にしていくこと」のきっかけをこの就活の中で手にしたはずです。

ところで、内定辞退を避けるためにやってしまいがちなこととして、内定を出した学生を他社に取られないように囲い込むことがあります。内定者を拘束するために研修を実施するケースです。この手法自体がややレガシーな気もしますが、未だに存在はしています。

しかし残念ながら、これは恋愛と一緒で、逃がすまいと強く捕まえていようとすればするほど、相手は逃げていってしまうものです。砂は強く握れば握るほど指の間からこぼれ落ちてしまうのです。

私は、囲い込むよりもむしろ、内定者にはいろんな会社を見てもらうべきだと思います。その上で自社を選んで入社してくれた社員は、会社に対するエンゲージメントが高くなると考えるからです。むしろ他社をしっかりと見ずに入社して来ると、数年後に「隣の芝生が青く見える症候群」を発症してしまいます。

これはなかなかに厄介で、例えばAという特徴はあるが、Bという特徴はないZ商事という企業に入社した山田くんがいたとしましょう。山田くんは数年働き、Bに対する不満が出た時に「うちの会社はBという特徴がないからいけないんだ。よし、Bのある会社に転職しよう！」となり転職をしていくが、じつはそのBのことはなんとなくしか知らない程度で、実際仕事をしてみると「やっぱり前の会社のAという特徴って実は良かったんだな。でももう前の会社には戻れないし」となって、またAに似た特徴の企業を求めて転職を繰り返すという具合です。この例はいささか短絡的だろうと目には映るかもしれませんが、実は単に笑い話ではなく、私が知る様々な実例でもよく見かけるケースです。

学生は就活での「正解」や「（おみくじの）大吉」を求めているように思えます。

ですが、私は「正解も大吉も就活の時点では存在しない」と思います。あるのは「正解っぽい選択」「伸びしろのある小吉」です。その会社を選んだとしても、それが中小企業だろうが大手企業だろうが、民間だろうが公務員だろうが、その企業や団体という場に属する機会を得ただけで、その後のキャリアは自分自身で切り開かなければならないからです。

つまり、自分の人生を正解にしていく、成功に導いてくれるのは、入社した企業や団体ではなく、自分自身なのですから、私たち採用活動に携わる者としては、その事実をしっかりと学生たちに伝えていかなければなりません。そうでないと「この会社で働く」ということの前提が揃っていかないのです。

そのためには、内定者がいろんな会社と比較検討した上で、それでも入りたいと思える会社をつくっていかなければなりません。理念やビジョンは不可欠ですし、報酬や福利厚生も大切です。その上で、自分が入社したらどのように活躍できて、どのように成長できるかを内定者が見通せるようにしなければなりません。

ただ、これは経営者だからこその視点かもしれません。採用担当者からすれば、内定を辞退されたら社長から「何やってんだ！」ととがめられるのを避けたいと考えるのも仕方ありません。

問われるのは、社長は採用担当者とどこまで意思疎通ができているか、信頼できる採用担当者が主体的に動けるように権限を移譲すべきです。

「うちに合わせろ」は入社後も通用しない

当社の採用担当者はアメリカ留学の経験がある女性です。元々は世界的なアミューズメントパークで働きたいという夢を抱いていました。旅行業界に興味を持った時期もあったようです。彼女が当社に入ったのは学生アルバイトがきっかけでした。地元・金沢を観光地として消費させるのではなく、金沢に住む人が誇りを持てるようなことをしたいという理由で当社を選んでくれました。

彼女の今の仕事は、学生時代にやりたかったこととはまるで別ものです。学生アルバイトをきっかけに、自分自身の新しい可能性を見出したのです。彼女に限らず、就職後、学生時代にやりたいと思っていたこととはまるで異なる仕事を任されて、その仕事でメキメキ頭角を表す人はごまんといます。

会社の理念と個人の理念が一致していることが大事であること、採用プロセスで学生のコアとなる部分をいかに引き出すかが問われることなどを述べてきました。

ただ、入社前に全てを見通せるとは限りません。入社してから分かること、変わることもあります。

当社の場合、デザイナーなどの一部の専門職を除き、基本的に最初は営業スタートです。営業には顧客への企画提案から顧客とのコミュニケーション、コスト感覚、受注後のプロジェクト推進まで、ビジネスの全てが詰まっているからです。

営業をやらせてみると、新規開拓にやりがいを持って次々と受注して頭角を現わす新人が出てきます。一方でどうしても営業が合わないという新人もいます。

経営者によっては、営業が向いていない人材を営業以外の部署に異動させることを良しとしない人もいます。しかし、私は適材適所にすべきだと考えます。本人に向いている部署に配属してあげればいいと思います。

好きこそものの上手なれといいますが、苦手なことばかりやらせても人は力を発揮できません。

「何がやりたいの？」「何が得意なの？」「どういうことをしている時なら没頭できるの？」

ということを引き出して、自社のどの仕事を任せればいいかを見極めます。ここでも「お前らがうちの会社に合わせろ」という昭和型は通用しません。そんなことをしたら、すぐに辞めてしまうでしょう。

社員に仕事に合わせてもらうのではなくて、今ある仕事をどう社員に合わせていくのか、これが経営者に求められています。

引き抜かれるほどの社員を育て、自社に残ってもらう

「元リク」という言葉をご存じかもしれません。リクルート社で働いたキャリアを持つ人たちのことです。大手企業はもとより、中小企業には元リクの経営者もたくさんいます。次々と起業家を輩出するリクルート社には、それを叶えられるようなイメージを持たせ、そうした願望や希望を持つ血気盛んで優秀な学生が入社します。

私が働いていたサイバーエージェントも数多くの起業家や、その専門性で、各業界で目覚ましい活躍をしている人材を数多く輩出しています。

私もその1人かもしれませんが、もし私が新卒の時に同社を受けても採用されなかっ

たように思います。最初に勤めた小さな会社で営業力を身に付けてそれなりの実績を積んだからこそ、サイバーエージェントに転職できました。

リクルートやサイバーエージェントがそうであるように、いい人材が巣立っていくようになれば、評判を聞きつけたいい人材がまた入ってくるようになるはずです。

そうは言っても優秀な人材には自社に残ってほしいのはやまやまです。「素晴らしい社員に自らの意思でこの場に残るという選択をしてもらうには、どうしたらいいんだろう……」

私は、常にこのことに頭を悩ませています。しかし結論は実にシンプルで、そのためには、会社を良くしていくしかありません。他社に引き抜かれたり、起業したりするくらいの人材を育てながらも、より大きなやりがいと、心理的にも金銭的にも多くの報酬が得られるように会社自体をより良くしていくことが絶対的に必要になってきます。福利厚生制度を整えたり、より良い企業文化を醸成していったり、完璧な心理的安全性のある空間を目指していったりと、会社自体の魅力を高め、社員をきちんと認めてあげることで、「他社でも評価される自分だけど、あえてこの会社にいたい」と思ってもらえるような中身に整えていくしかありません。

理想は、社員と会社がお互いに愛し愛されている関係性です。これを築くには、会社側が社員に徹底的に愛を注ぐのが先です。「自分は会社から大事にされていない」と思った社員は辞めていきます。

サイバーエージェントの藤田社長が創業当初、離職も多く社員が定着しなかった時期に、新進気鋭のベンチャー企業であるにもかかわらず、終身雇用制を打ち出し、それが一つの契機となり離職率も引き下げられたとの回顧録があります。藤田社長いわく「会社が社員を大事にすると言ったら、社員が会社を大事にし始めてくれた」とのことです。終身雇用制が崩壊しつつある、と言われ始めていた当時としては画期的な考え方だったことでしょう。

しかし「終身雇用制」は平成、令和と時代とともに「実力主義型終身雇用制度」へと形を変えながらも存在し、業績の良い企業では今でも採用されているケースもままあります。「社員が安心して挑戦できる労働環境」という観点や、日本固有の労働市場の特性などからも、日本独自のユニークな制度としてもっと多くの企業に採用されてもよい仕組みではないかと私は考えます。

私は「(就職を希望する学生への) 真の優しさとは何か?」という問いを常に自分に

投げかけています。

おそらくそれは「まぁ、そういう考え方もアリだよね」と妥協したり、どこかに違和感を感じながら、それを放置し、見て見ぬふりをしておくことではないでしょうし、仕事に対する間違った価値観に対してそのまま容認し交渉しないことでもないでしょう。「真の優しさ」には「厳しさ」や「嫌われる勇気」も同居していると考えます。真の意味で学生や求職者に対して、「あなたのことを尊重している」と伝えるのであれば、腹の奥底で思っている自分の内側の言葉（内言語）と、実際に発している表情や態度なども含めた言葉（外言語）を一致させていかなければなりません。

仮に、選考過程を経て無事に入社、という結果になったとしても、採用の本当の目的はその人材が長きにわたって活躍し、企業という組織が栄え、結果としてそこに関わる縁ある人々が幸せになっていくということです。その前提で、本音本心本気のコミュニケーションが求められていると思います。そうした本音の採用活動をしている方が、仮に採用活動が望むような形にならなかったり、内定辞退を招いたとしても企業側としても納得もできるでしょうし、そこから真摯に何かを学び取ることもできるのではないかと思います。

他社と協力して新人を育てる秘策「ナナメンター」

大学受験には全国模試があるので、自分の実力が全国でどれくらいに位置しているのか、順位も偏差値も客観的に分かります。ところが、仕事に全国模試はありません。何万人も働く大手企業ならまだしも、中小企業は自分自身の成長度合いを判断するための客観的な比較対象が乏しい。優秀な人材にとって、自分がどれだけ成長しているのかが分かりにくいのが中小企業で働くデメリットです。これが他社に流出してしまう原因の一つでもあるのです。

いわゆる「自己効力感が感じにくいためのモヤモヤ」です。これは放っておくと離職にもつながりかねませんし、このループに陥った社員を勇気づけたり励ましたりする存在である、先輩社員や上司もこのモヤモヤ感を抱えていることもあります。

この対策の一つとしておすすめなのが、自社の若手社員たちを取引先企業の先輩社員たちと交流させ、いわゆる「斜め上下の関係性」を構築していくことです。

名づけて「社外ナナメンター制度」。

私たちの会社ではこの制度に則った会を「ナナメン会」と名付けて、定期的に取引先企業のご協力の下、若手社員の方たちと一緒に開催しています。

自社の新人の相談に乗る先輩社員が同じ部署内にいる場合などは、直接の上下の関係にあり、評価する側とされる側という関係では、必ずしも本音本心が言いにくいというケースもあります。そんな時に隣の部署の先輩や業務上関係は少ない別部署の先輩、などがメンターとして相談相手になることがベストではありますが、とは言っても零細・中小企業にはそれほどの部署も人員も豊富に存在するわけではありません。

当社がまさにそうでした。40代の私と幹部、30代も少数いるものの、その下には一気に20代が増える構図で、明らかに年代分布の形としてはいびつだと認識しています。

私の理想としては中小企業でも5歳おきくらいには人員が構成されていると、いわゆる世代間ギャップが生まれにくく、年代の高いところから若いところまで上手く情報や文化が流れていく印象があります。しかし、それはあくまで理想であって、現実的にはなかなかそうもいきません。

もちろん、こうした理想形を果たしていくためにも、未来を見据えた採用計画を5年、10年スパンで検討していく必要があることはこれまでの主張のとおりです。

こうした、「自社で全て解決することは不可能」という課題を解決するための一つのアイデアが、自社の取引先などの力を借りることで実現する「社外ナナメンター制度」です。

普段接点のないナナメの関係の人と接すると客観的に自分のことを評価したり、されたりという体験をします。その中で「あ、私、ちゃんと成長できているかも」と気づくきっかけになっているようです。

前述のとおり、当社の場合、まだ設立して10年経っていないので、30歳代の社員がほとんどいません。20代の若手が相談できる「少し未来の自分のイメージ」を想起させる存在が少ないのです。新卒採用は創業以来ずっと取り組んでいるとは言え、まだまだ小さい会社なので、いわゆる同期の仲間もそれほど多くはありません。そこで、親しくさせていただいている地元や都市部の大手企業の30代のマネジャーと当社の若手社員が交流する機会を設けています。

当社の若手社員がナナメンターの恩恵を受ける代わりに、私がナナメンター的に取引先の30代の社員と交流しています。

中小企業はリソースが限られています。だからといって工夫をせずに諦めることは許されないわけですから、取引先や経営者仲間のネットワークを駆使して、お互いに人材を育成する仕組み、地域全体で人材を育てていく、という体制をつくっていけるとより良い地域経済が生まれていくと思います。そうすれば、ローカルの中小企業でも優秀な人材が辞めずに長く残り続けるような職場をつくれるのではないでしょうか。

この取り組みは「持続可能なローカル経済圏」を創っていくためにも、私の一生をかけた命題だと思っています。

「守りの採用」から「攻めの採用」へ

これまでの新卒採用は、就活ナビに掲載して、エントリーを待っているだけの状態でした。しかし、この手法が通用する時代はとっくの昔に終わっています。

これからは、オウンドメディアを使って積極的に情報を発信し、自分たちからアプローチしていく能動的な採用の時代です。つまり「攻めの採用」です。

すでに就活市場では、オファーボックスを初めとするスカウト型のサービスが増えてきました。就活ナビや合同説明会による待ちの採用活動から、ダイレクトリクルーティングによる攻めへと変わってきています。

単純に「うちはこういう会社だから来て下さい」ではなくて、一人ひとりの学生の自己PRを見て、「あなたのこういう経験やこういう考え方、こういう行動が自社に合っていると思うので、ぜひお話しませんか」と、企業側がアプローチしていくのが当たり前になってきました。


本来なら、社長の独断ですぐに動けて小回りが利く中小企業が大手企業に先んじて工夫と改善で新しい採用手法にチャレンジしなければなりません。それなのに、待ちの姿勢になっていませんか?

このままでは、ただただ母集団が減って、採用人数も減っていく一方です。旧来のままでは大手企業に勝てません。

学生を一本釣りするために、これからは攻めの採用が絶対に必要です。どうしても欲しい1人が応募してくれて、その1人を採用する——これこそ、究極の「厳選採用」です。

会社によってはそこまで採用に手間暇をかけられないということもあるでしょう。はっきり言って、やればできます。やっていないだけです。

地方の中小企業は、本気にならないと人材を採れません。「就活ナビが悪い」「今どきの学生が悪い」というのは他責に過ぎません。

本書の内容は、もうすでに実践している読者の皆さんもいらっしゃるでしょう。そんな皆さんからすれば「何を当たり前のことを言っているんだ」と思われるかもしれませんが、一方で普段、私たちがお会いする地方中小企業の経営者や採用担当者の方々からは、このような考え方や方法論自体が驚かれることも事実として多くあり、今回このような機会に筆を執らせていただくこととなりました。

最終的には、採用活動にかけた時間と愛情によって採用人数が決まります。

「我々の業界なんか人気ないから」「こんな仕事、人気ないから」と諦めていませんか。簡単ではありません。しかし、その仕事の社会的な意義に共感して、入社してくれる学生は必ずいます。

母集団は形成できないかもしれません。しかし、「これは！」という学生と出会えるはずです。

たった1人でいいのです。

「この学生を採用したい！」「この学生を真剣に育てたい！」

そう思える人材に愛を注ぎ、絶対に離さないという強い気持ちで深く関わって下さい。

学生も、共感・共鳴できる会社、自分を想ってくれる会社、一緒に働くとイキイキできるメンバーと出会いたいのです。

「こんな職場を探していた！」

ぜひ、自信を持って攻めの採用を実践し、そんな思いを抱いて入社してくれる学生を見つけ出してほしいと思います。

84ページの株式会社クスリのアオキＨＤの事例にもあるように、大手企業でも人材の取り合いは激戦化しています。その中の戦略として「相手ファーストの選考設計」を進め、この採用難の時代を戦っています。大手企業でもこの状況ですから、中小企業の我々にとっては、求める人材に選ばれるためには必須に近い努力義務と言えるのではないでしょうか。

あとがき

・東京でボロボロになって北陸へ

最後までお読みいただき、ありがとうございました。ここで少し自分自身について語らせて下さい。

そもそも東京育ちの私がなぜ、北陸にIターンしたのか。理由は主に二つあります一つは体調を崩したことです。私は仕事が大好きです。成長産業のど真ん中でどんどん会社が大きくなっていくそのうねりの中に身を置いていることが誇りでした。しかしその一方で、色んなものを投げうってしまった結果、心身の調子を崩してしまいました。

もう一つは2011年の東日本大震災をきっかけに、自分の人生を見つめ直したことです。渋谷で働いていた私は震災当日、電車がストップしたことから、都内にある自宅まで8時間くらいかけて歩いて帰りました。その時、「東京に住み続ける理由ってなんなのだろう」「家族のQOLを最大化させる方法ってあるのかな」という疑問が頭をよぎったのです。

私の妻は富山県出身です。そのころ、北陸新幹線の2年後の開通が控えていました。もしかしたら、北陸はこれから伸びるのではないかと考えました。妻は特段、実家に帰らなければならない事情はありませんでしたが、東京での閉塞感から逃れるように私は北陸にIターンすることを決意しました。

私は金沢の企業に転職して、3年くらい働きました。営業責任者になって、多くのお客様と接していて感じたのは、地方に必要なのはデジタルに強い人材だということでした。広告代理店は企画はできるけれど実装はできない。片や制作会社は実装はできるけれどコンサルティングはできない。デジタルを活用した施策のコンサルティングから企画、実装までを一貫して担える会社が存在していませんでした。だったら自分がやればいい、そう考えてプロジェクトタネを起業しました。

・北陸で復活して、再び東京へ！

北陸で自治体の移住施策などに携わらせてもらっていると、知事ら地元の要人にお会いするチャンスもあります。東京で都知事と会うチャンスはそうそうないでしょうが、地方なら、小さな企業でも重宝されるのです。また、地方の有名有力企業の皆様との取引きを通じ、私たちの仕事が多く受け入れられていることを実感しました。

私はヘトヘトになって東京を脱出しましたが、北陸で働いていると次第に「もっと自分はできるのではないか」と、自信を取り戻していきました。地方で暮らしてみて、自己効力感や自己概念が東京にいた時より明確になったのだと思います。

改めて人間は、思考の持ち方や自信でこんなにも変わるのかと思い知らされました。

今はもう、元気になったどころではありません。何ならもう一度、東京で勝負しようという意欲が湧き上がってきました。実際に東京、名古屋、大阪での事業拡大を進めています。将来のＩＰＯも目指しています。

地方で就職したら、地方で一生過ごすイメージがあるかもしれません。しかし、地方の企業だからといって、地方で終わるとは限りません。ＹＫＫやゴーゴーカレーなど、北陸発で全国や世界で展開している企業がいくつもあります。ユニクロも元々は山口県の洋品店です。海外に目を転じると、フェラーリやレゴ、イケア、ライカなど、世界企業は地方都市に本社を置いていることも多い。

地方から日本全国、そして世界へと羽ばたくことも可能です。個人も企業も成長するチャンスは、地方にもたくさん転がっています。

私は、地方の企業の魅力を1人でも多くの学生に伝えたいと思っています。

「世の中にはこんなにいい会社があるよ」「地元ではこんなに面白い会社があるよ」

ということを知らしめていきたいと考えています。

そのために、デジタルマーケティングや人材採用に精通した人材を自社で育てて、地域の課題を解決していくのが私の使命だと思っています。

・企業と学生の幸せな出会いを

私たちの会社が北陸で8年間続いてきたということは、地元で一定程度は受け入れていただけたのでしょう。「デジタルマーケティングをもっと活用したいと思っていた」「もっと早く出会いたかった」という声をたくさんいただきました。私たちの創業の理念や日々の活動が多くのクライアントに共感していただけたのだと思います。

北陸のクライアントと接する中で、私自身も多くを学ばせてもらいました。


本書で記した内容は、私1人の経験と知見だけではまとめられませんでした。日々、クライアントや仕事と真摯にまじめに向き合っている社員、そしてアルバイトの皆の声がなければ、本書は誕生していません。

かつて当社で働いてくれた社員やアルバイトの皆さん、そして今、働いてくれている社員やアルバイトの皆さん、そしてクライアントの皆さんには感謝という言葉だけでは伝えきれないほどの御恩と尊敬があります。

地方の企業が採用に成功して成長することが、地域の活性化ひいては日本全体の活性化につながるはずです。

本書をきっかけに、1社でも多くの地方企業と学生の幸福な出会いが生まれることを願っています。

高平 聡

■ 著者紹介

高平 聡（たかひら さとし）

1977年埼玉県三郷市出まれ。東京都北区で育ち、小・中学校では野球、高校時代はサッカー部でキャプテンとして活躍。チームをまとめた経験から組織のマネジメント力を身につける。専修大学法学部出身。卒業後、海外携帯電話レンタルのベンチャー企業に就職。株式会社サイバーエージェント創設者・藤田晋氏の書籍に感銘を受け、2006年28歳で同社に中途入社。Webマーケティング、組織の作り方、人材活用を学ぶ。
2013年同社を退職し、富山県高岡市にIターン移住。2016年地方の中小企業向けに特化したデジタルマーケティングの専門集団・株式会社プロジェクトタネを設立し、社長に就任。現在は石川県、富山県をはじめ、東京都、愛知県、埼玉県にも拠点を構え、「北陸のサイバーエージェントになる!」という熱い想いを胸に、デジタルマーケティングの活用で、中小企業の採用、集客などの経営課題解決のために力を注いでいる。

ダイレクト採用チェックシートは
こちらのQRコードから。

逆転《ぎゃくてん》思考《しこう》のGive《ギブ》採用《さいよう》
学生《がくせい》に選《えら》ばれる地方《ちほう》・中小企業《ちゅうしょうきぎょう》の新戦略《しんせんりゃく》

2025年2月18日　初版第1刷

著者／高平聡《たかひらさとし》
発行人／松崎義行
発行／みらいパブリッシング
〒166-0003 東京都杉並区高円寺南4-26-12 福丸ビル6F
TEL 03-5913-8611　FAX 03-5913-8011
https://miraipub.jp　E-mail: info@miraipub.jp
編集／道倉重寿
ブックデザイン／池田麻理子
発売／星雲社（共同出版社・流通責任出版社）
〒112-0005 東京都文京区水道1-3-30
TEL 03-3868-3275　FAX 03-3868-6588
印刷・製本／株式会社上野印刷所

ISBN978-4-434-35430-4 C2034